职业教育电子商务专业新形态教材

网店运营实务

WANGDIAN YUNYING SHIWU

主　编	李　娟	郑　刚	
副主编	卢　英	李希梅	任小琼　张　亚
参　编	罗　颖	赵若馨	赵太平　于小琴
	岑远红	周云高	霍永冬　淳于荟琳
	赵晓林	王　纤	李　科　马　腾
	余　民	黄大英	
主　审	雷静萍	陈良华	

重庆大学出版社

图书在版编目（CIP）数据

网店运营实务 / 李娟，郑刚主编. --重庆：重庆
大学出版社，2024.8. --（职业教育电子商务专业新形
态教材）. --ISBN 978-7-5689-4358-1

Ⅰ. F713.36

中国国家版本馆CIP数据核字第2024TX6572号

职业教育电子商务专业新形态教材

网店运营实务

主　编　李　娟　郑　刚

主　审　雷静萍　陈良华

责任编辑：章　可　　版式设计：章　可

责任校对：关德强　　责任印制：赵　晟

*

重庆大学出版社出版发行

出版人：陈晓阳

社址：重庆市沙坪坝区大学城西路21号

邮编：401331

电话：（023）88617190　　88617185（中小学）

传真：（023）88617186　　88617166

网址：http://www.cqup.com.cn

邮箱：fxk@cqup.com.cn（营销中心）

全国新华书店经销

重庆市正前方彩色印刷有限公司印刷

*

开本：787mm×1092mm　1/16　印张：14　字数：351千

2024年8月第1版　　2024年8月第1次印刷

ISBN 978-7-5689-4358-1　定价：58.00元

+

QIANYAN
前言

　　本教材以电商运营岗位的职业能力为标准，以培养学生网店运营能力为目标，以情境学习理论为指导，以网店运营工作流程为线索进行编写。本教材有机融入了思政内容和"1+X网店运营推广"证书的考核内容，按项目—任务—活动的结构编写，具有情景化、项目化的特点。

　　本教材包含网店开设、店铺管理、新品推广、爆款打造、滞销品促销5个项目，共有16个任务。在教材项目的设计上，按商品推广的不同阶段进行设计，通过学习本教材的内容，电商运营新手能够逐渐成长为电商运营能手。

　　本教材具有以下特色：

　　1.坚持了"做中学"的理念

　　本教材以情境学习理论和问题导向理论为指导，搭建了真店铺、真项目、真任务、真案例的"四真"学习环境，将网店运营涉及的知识和技能通过任务来呈现，通过"运营实战"栏目进一步强化运营技巧，让学习者既学习运营策略，又学习运营技巧。

　　2.实现了"岗课证"融通

　　本教材的案例均来源于岗位的实际工作任务，涉及当前电商运营的最新技巧，同时在"1+X实战演练"栏目中融入了"1+X网店运营推广职业技能等级证书"初、中、高级的考试内容，通过理论与实训相结合的方式，实现课程内容与岗位工作任务及职业技能等级证书的深度融合。

　　3.设计了一体化课程思政体系

　　首先，在教材的"运营总监点拨"栏目中，培养学习者的职业素养。其次，在"运营案例赏析"栏目中，通过案例帮助学习者树立民族自信。再次，在实战案例中，选用中国制造业中具有国际领先水平的商品，培养大国工匠精神。

最后,在教材的相关内容中,潜移默化地融入劳动意识、数据意识、服务意识等职业素养,使教材成为课程思政的重要阵地。

4.搭建了校企双元的教材编写队伍

本教材的编写团队由一线教师与企业技术骨干组成。其中,一线教师完成教材内容的组织及编写;企业技术骨干提供典型工作任务及案例,同时担任技术指导。

5.配套丰富的数字资源

本教材配有拓展知识和众多微课视频,以二维码的形式与纸质教材有机结合。另外,教材还配套有教案、PPT课件、视频课程等教学资源,为教师教学和学生学习提供帮助。

本教材主要栏目的功能如下:

【项目概述】简要介绍本项目涉及的内容和任务。

【项目目标】采用要点式表述的方式,明确学习者的学习目标。

【任务描述】描述任务中各个活动的内容和要点。

【做一做】提供同步的操作练习。

【知识窗】呈现运营人员所需的重要理论知识。

【运营总监点拨】介绍运营人员所需的职业素养及操作注意事项。

【运营实战】为学习者提供练习的运营任务。

【1+X实战演练】呈现"1+X"职业技能等级证书中的理论和技能考试内容。

【项目评价】以知识点评分的方式,评价各项目的完成情况。

【运营案例赏析】分享电子商务行业的典型运营案例。

本教材由重庆市九龙坡职业教育中心的李娟和郑刚主编,重庆市九龙坡职业教育中心的卢英、李希梅、任小琼、张亚担任副主编,参与编写的老师还有重庆市九龙坡职业教育中心的罗颖、赵若馨、岑远红、余民、黄大英,重庆市万盛职业教育中心的赵太平、于小琴,重庆市秀山土家族苗族自治县职业教育中心的周云高，重庆市綦江职业教育中心的霍永冬、重庆市璧山职业教育中心的淳于荟琳，重庆市铜梁职业教育中心的马腾。重庆墨赞网络科技有限公司的赵晓林先生与王纤女士、重庆渝猫科技有限公司的李科先生为本教材提供了案例及技术支持。重庆市九龙坡职业教育中心的雷静萍、陈良华老师担任主审。

　　由于作者水平有限，书中难免有不足之处，热切期望得到专家和读者的批评指正。

编　者

2024年1月

MULU
目录

项目一
网店开设

【项目概述】

如今，电子商务正如火如荼地发展，各行各业在电子商务上都有具体的应用，无论是销售实体商品还是销售虚拟物品，无不将电子商务作为主要销售渠道之一。宜品电商团队准备自主创业，决定在淘宝网站上开设店铺销售商品，而在开设店铺之前，首先需要做好市场调研，对商品数据、人群数据、市场数据进行深入分析，才能确定行业的发展前景。在本项目中，将通过两个任务完成网上开店。

【项目目标】

知识目标

+ 牢记数据分析的方法；
+ 牢记网上开店的操作流程。

技能目标

+ 能完成开店前的数据分析；
+ 能申请一个个人店铺。

思政目标

+ 培养数据思维；
+ 培养规则意识；
+ 培养安全意识。

［任务一］

数据分析

◆ 任务描述

由于网上开店门槛低、风险小，如今备受创业者的欢迎，也解决了大量年轻人的就业问题，而淘宝作为国内较大的电商平台之一，吸引了众多创业者加入其中。电子商务专业的学生对于电商创业也有很高的热情，组建了宜品电商团队，希望将所学的专业知识应用在创业实践中。团队成员经过讨论，准备在网上开店，但由于缺乏开店经验，对商品的选品、人群定位、市场前景都不太清楚。因此需要进行开店前的数据分析，确定经营方向。

◆ 任务实施

活动一　商品类目分析

选择适合的类目是淘宝开店的关键之一。通过商品类目分析可以了解行业的销售情况、明确店铺和产品定位、确立目标市场等，为产品运营打下基础，类目选择正确，才能够为后续的发展奠定基础。开展商品类目分析的操作步骤如图1-1-1所示。

图 1-1-1　分析商品类目数据的流程图

一、分析网销商品的特点

开设网店前，首先要了解适合网上销售的商品有哪些特点，哪些商品受到消费者的关注与喜爱，另外在选品时还要考虑自身经验和优势。适合网销的商品特征见表1-1-1。

表1-1-1　适合网销的商品特征

网销商品特征	特征描述
小型轻便	由于网上销售需要邮寄和配送，因此商品最好是小型轻便的，方便配送到消费者手中
易于包装	商品需要经过包装才能邮寄，因此选择易于包装的商品可以减少包装成本和运输风险
不易破损	在邮寄途中，商品可能会受到挤压、抛掷等不可控因素的影响，选择不易破损的商品可以降低退货和损失的风险
可重复购买	网上销售通常需要建立稳定的客户群体，因此选择可重复购买的商品可以增加客户的忠诚度和回购率

续表

网销商品特征	特征描述
高利润率	由于网上销售市场竞争激烈，选择高利润率的商品可以增加收入和利润
独特性	选择具有独特性的商品可以吸引消费者的注意，激发消费者的购买欲望，与其他竞争对手形成差异化竞争
有品牌认知度	选择具有一定品牌认知度的商品可以增加消费者的信任和购买意愿
高需求	选择具有高需求的商品可以增加销售量和市场份额

总之，适合网上销售的商品应具备小型轻便、易于包装、不易破损、可重复购买、高利润率、独特性、有品牌认知度和高需求等特征。

知识窗

网上开店要遵守国家的法律法规，以下商品禁止销售：

（1）假冒伪劣商品；

（2）法律禁止或者限制销售的商品，如毒品、武器等；

（3）用户不具有所有权或支配权的商品。

ZHISHICHUANG

二、分析热销商品类目

查阅各大电商平台的热销商品数据，确定比较畅销的商品类目，寻找合适且有竞争力的商品。

①在浏览器中打开淘宝网，首页如图1-1-2所示。

图 1-1-2　淘宝首页

②查询淘宝网中销量较好的商品类目并进行分析，商家可根据这些畅销类目，再结合自身实际情况，寻找合适的商品类目。热门商品类目见表1-1-2。

表1-1-2 热门商品类目

序号	类别	维度
1	时尚服饰	包括男女装、鞋帽、配饰等时尚单品，满足消费者对时尚潮流的需求
2	食品饮料	包括自热火锅、零食、酒水、茶叶、生鲜等食品饮料，满足消费者对美食和健康的需求
3	美妆个护	包括化妆品、护肤品、洗护用品等美容个护品，满足消费者对美丽和健康的追求
4	家居生活	包括家具、家纺、厨具、家装物品等家居用品，满足消费者对舒适生活的需求
5	母婴用品	包括孕妇用品、婴儿用品、童装、童鞋等母婴用品，满足父母对孩子健康成长的关注
6	数码电子	包括手机、电脑、相机、智能设备等数码电子产品，满足消费者对科技产品的追求
7	运动户外	包括运动服饰、运动器材、户外用品等运动户外产品，满足消费者对健康和休闲的追求

 做一做

请同学们根据各大平台热卖商品类目，确定一个适合自己的商品类目，并说一说为什么选择这个类目。

微课

分析商品货源

三、分析商品货源

充足的货源也是选品的重要依据，成本低、质量好是网店进货的首选，如何选择合适的货源，进货渠道有哪些呢？

1. 线下货源

（1）线下批发市场

批发市场具有商品多、种类全、价格便宜等特点，对于新手店家来说，批发市场的选择范围大，可货比三家，进货时间和数量比较自由，并且商品价格相对便宜，利润空间大。大多数城市都有各类批发市场，但要注意跟批发商合理议价。

（2）工厂货源

商品从厂家到消费者手里，会经历众多环节，包括多级批发商、零售商等，中间各个环节都会增加商品成本。如果能从厂家直接拿一手货源，就能更好地控制成本。但是从工厂拿货一般需要进货量较大，对于新手店家会有较大的资金压力，且需要店家有独特、超前的预判能力，否则容易积压库存。

2. 线上货源

通过网络批发市场进货，如阿里巴巴。其支持一件代发，不需要店家囤货，适合新手店家。

知识窗

线上批发市场相比线下批发市场有哪些优势？

（1）时间优势

无时间限制、随时随地可选择货源，能更全面地筛选对比。

（2）成本优势

线上批发省去交通、住宿等成本费用，同类商品信息更丰富，价格更透明。

（3）批发数量优势

线上起批数量的门槛较低，有些商品支持几件或者一件起批，降低了库存积压风险。

ZHISHICHUANG

四、确定商品类目

根据网销商品特点、热门类目、货源等因素，再结合团队自身情况，宜品电商团队经过讨论后，决定选择自热火锅类目开设网店。于是团队对自热火锅类目进行了更详细的分析。

使用百度指数分析商品类目：

①打开浏览器，搜索"百度指数"进入首页，如图1-1-3所示。

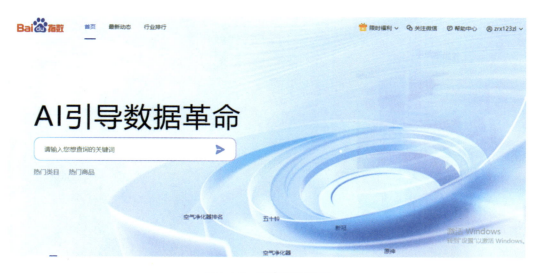

图1-1-3　百度指数首页

②输入关键词"自热火锅"，进入趋势研究页面，对不同时间段、PC端或移动端，以及不同地区关键词的搜索指数、资讯指数进行分析，从而分析出该类商品目前的热度和趋势，如图1-1-4所示。

③单击"需求图谱"，可以查看各个关键词搜索指数和搜索趋势，以及来源相关词和去向相关词，进一步判断该类商品的销售趋势，如图1-1-5所示。

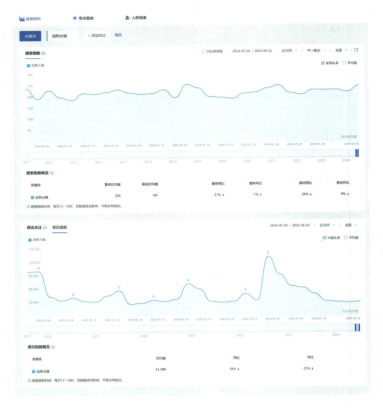

图 1-1-4 趋势研究

图 1-1-5 需求图谱

 **运营实战**

对"无人机"类目进行分析，选择近30天、PC端+移动端、重庆地区的数据，了解"无人机"类目关键词的搜索指数及搜索趋势，从而分析该类目的热度及销售趋势，填写表1-1-3。

表1-1-3 "无人机"类目分析表

关键词	分析结果		
无人机	趋势研究	搜索指数	
		资讯指数	
	需求图谱	搜索指数排行	
		相关词热度排行	

活动二 人群定位分析

宜品电商团队对商品类目进行了数据分析，确定了销售的商品品类后，需要结合商品特征对目标消费群体进行定位，包括人群地域分布、人群属性、兴趣分布等，以此找出店铺运营的优劣势，为开店做准备，开展人群定位分析的操作步骤如图1-1-6所示。

图 1-1-6 人群定位分析流程图

一、人群地域分布

进入百度指数，输入关键词"自热火锅"，选择"人群画像"，可以查到搜索关键词在不同时间段内的地域分布情况，包括省份、区域、城市三个维度，得到的结果如图1-1-7所示。

图 1-1-7 人群地域分布图

做一做

请在人群地域分布图中，查询自热火锅排名前三的省份、区域和城市，并做数据分析，将结果填入表1-1-4中。

表1-1-4 人群地域数据分析表

序号	数据维度	分布排行	数据解读
1	省份	广东	30天内搜索"自热火锅"关键词的用户所在区域排名靠前的省份是广东、山东、江苏。用户关注度较高。自热火锅在这些省份比较热销
		山东	
		江苏	
2	区域		
3	城市		

二、人群属性分析

1. 目标人群年龄分析

进入百度指数，选择"人群画像"，可以查到搜索关键词在不同时间段内的人群属性，包括年龄分布、性别分布。

根据数据可知，对自热火锅比较热衷的群体的年龄大概在39岁以下，如图1-1-8所示。这类人大多为上班族和学生，平时因为工作、学习有时不会按时吃饭，并且这类人喜欢旅游、野炊，外出做饭不方便，因此自热火锅自然就成了不错的选择。

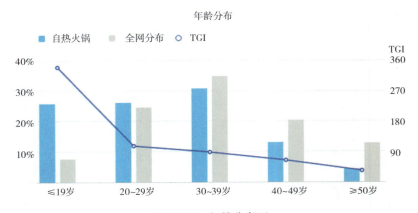

图 1-1-8 年龄分布图

2. 目标人群性别分析

目标群体的性别特征也是很重要的参考数据。因为不同性别的人群在购物习惯和购物需求上有很大不同。根据数据可知，女性对自热火锅的热度更高一些，如图1-1-9所示。

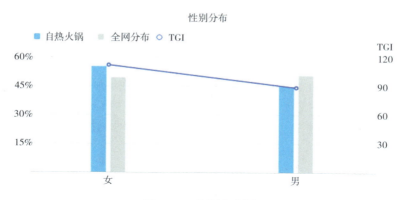

图1-1-9　性别分布图

 做一做

对于商家来说，了解男女购物习惯的差异，有助于认清目标消费人群，优化商品。请同学们讨论分析男女购物的差异，将结果填入表1-1-5中。

表1-1-5　目标人群性别差异分析表

项　目	性别差异表现
购物时间	男性比女性花费的时间更短
购物目的性	
商品个性化需求	
价格敏感度	

除了年龄和性别，我们还需要了解目标消费群体的职业分类，如学生、公务员、全职太太等的消费需求和特点都有很大差异。另外，消费群体的受教育程度、收入水平等也是很重要的因素。

想要服务好消费者，就要充分了解他们的特点，这样才能做好店铺的商品定位，在店铺运营时才能抢占先机。

活动三　市场前景分析

自热火锅这个品类的发展前景到底怎么样呢？其市场前景的分析步骤如图1-1-10所示。

图1-1-10　分析品类前景流程图

一、市场大环境分析

近年来,懒人经济快速发展,便利、个性化的自热方便类食品备受消费者青睐,产品种类丰富多样,食用方法新奇方便,也在一定程度上增加了受众群体的覆盖面。从自热米饭、自热面条到自热麻辣烫、自热酸菜鱼,各种自热速食如雨后春笋般涌现出来。随着生活节奏的加快,人们对自热健康食品的需求不断增大。同时由于其食用不受场地、环境与配套条件的限制,也成为抢险救灾、大型展会及特殊群体的必备食品。

二、行业发展现状分析

随着中国自热火锅行业的发展,市场规模也逐年上涨。数据显示,中国自热火锅市场规模增长迅速,从2016年的3.98亿元上涨至2023年的148.9亿元,翻了约37倍,如图1-1-11所示。未来随着中国自热火锅的渗透率上涨及产品的多样性和消费群体的扩大,其市场规模仍将持续上涨。

图 1-1-11　自热火锅市场规模

三、行业未来发展趋势分析

根据行业生命周期理论划分,我国自热火锅产业在经历最开始的引入期后,目前正处于成长期,这一阶段的特点是行业逐步被大众所接受,需求量和销售额开始迅速上升,其他众多竞争者大量进入市场,使得价格逐步下降。随着市场进一步发展,企业集中度提高,龙头企业出现,行业则进入成熟期,成熟期的自热火锅产品将趋向标准化、成本低而产量大。

 运营实战

分析"无人机"的市场前景,填写在下面的横线上。

_____

_____

［任务二］ NO.2

店铺申请

◆ 任务描述

宜品电商团队经过前期的数据分析，决定以淘宝为平台，申请一家主要经营自热火锅的个人店铺，虽然淘宝平台上开设个人店铺的门槛低，但是依旧需要提供必备的个人资料，才能成功开店。宜品电商团队决定准备好开店需要的资质材料，完善开店流程及店铺信息填写，再进行团队子账号的创建与管理，为后期运营商品做好前期准备。

◆ 任务实施

活动一　个人店铺申请

申请个人店铺包括以下两个流程，如图1-2-1所示。

图 1-2-1　个人店铺申请流程

一、注册淘宝账号

1.进入淘宝网站

打开淘宝官网首页，单击左上角的"免费注册"按钮，如图1-2-2所示。

2.注册淘宝账号

单击"免费注册"按键后，出现如图1-2-3所示的淘宝网用户注册界面，输入注册用手机号并获取验证码，阅读相关协议内容后，完成淘宝账号注册。

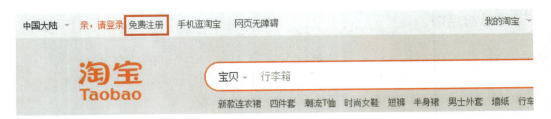

图 1-2-2　淘宝账号注册入口

图 1-2-3　淘宝网用户注册

二、申请店铺

淘宝平台是0元免费开店,在发布商品之前,无须支付任何费用,但需提前准备开店的相关资质材料,以备店铺信息采集,各类主体所需材料见表1-2-1。

表1-2-1　开店资质准备

店铺类型	定　义	准备材料
个人开店	以个人身份证为主体入驻	①个人身份证人像面、国徽面原件照; ②已实名认证的个人支付宝账号
个体工商户开店	以个人身份证或个体工商营业执照为主体入驻	①个人身份证人像面、国徽面原件照; ②已实名认证的个人支付宝账号或已实名认证的企业支付宝账号; ③属于入驻人本人的个体工商户营业执照
企业开店	以企业营业执照为主体入驻	①企业营业执照（类型处显示为：××公司/企业/农民专用合作社等）; ②已实名认证的企业支付宝账号; ③法定代表人身份证人像面、国徽面原件照; ④店铺经营人身份证人像面、国徽面原件照（如是法人本人可以操作扫脸认证，可不准备）

1. 选择免费开店

登录淘宝账号后,在淘宝首页导航栏处单击"免费开店",如图1-2-4所示,或手机淘宝搜索"开店"进入淘宝开店入口,如图1-2-5所示。

图 1-2-4 淘宝开店入口(PC 端) 图 1-2-5 淘宝开店入口(移动端)

2. 选择开店身份

淘宝平台提供了普通商家、达人商家、品牌商家三种适用身份供开店主体选择,这里以普通商家身份进行开店申请,单击"普通商家"选项,完成开店身份选择。

> **知识窗**
>
> 普通商家、达人商家、品牌商家的区别是什么?
> - 达人商家适用于主播、UP主、达人等,通过短视频、直播等内容带货。
> - 品牌商家适用于自有或独占品牌有商标注册证的企业。
> - 非达人/品牌商外的其他商家,推荐选择普通商家开店。
>
> ZHISHICHUANG

3. 选择店铺主体

淘宝平台提供的店铺主体类型有个人商家、个体工商户商家、企业商家,主体不同,提交的资质材料也不同,宜品电商团队以个人商家为主体去开店,需提供个人身份证正/反面照片和已实名认证的个人支付宝,如图1-2-6所示。

4. 填写店铺名称

在图1-2-6中,单击"去开店"按钮,打开个人开店页面,如图1-2-7所示,提示填写店铺名称,店铺名称需清晰易懂,最好能描述商品品类或特色。店铺创建成功后,店铺名称可以更改,个人店铺在180天内,其店铺名称一共可以修改3次。认真阅读协议及说明后勾选各选项,单击"0元开店"。

5. 开店认证

单击"0元开店"按钮后,会出现如图1-2-8所示的页面,进入认证环节,开店认证需分为三个步骤完成,分别是支付宝认证、完善认证信息、实人认证。

图 1-2-6　选择店铺主体类型

图 1-2-7　填写店铺名称

图 1-2-8　开店认证首页

（1）支付宝认证

支付宝认证分别提供了PC端与移动端的认证方式，使用手机支付宝扫一扫，进入认证系统，填写身份证号并按照提示完成人脸识别和银行卡绑定后，等待系统完成审核。开店时要进行支付宝实名认证，实名认证需提供个人的身份证正反面照片，以及开店本人手持身份证的照片。信息填写完毕并通过审核后，会显示"已认证"。

知识窗

支付宝实名认证如何操作？

个人支付宝实名认证路径：支付宝App→点击"我的"→点击右上角的"设置"→点击"账号与安全"→点击"身份信息"完善信息。

ZHISHICHUANG

想一想

在开店过程中认证支付宝时，登录的账号与当前账号不一致或已认证怎么办？

（2）完善认证信息

支付宝认证完成后，即可进入开店认证第二步——完善认证信息，即填写店铺信息，为了保证顺利开店，需要上传开店人身份证并核对身份信息，如图1-2-9所示，单击左侧"去填写"

按钮，进入图1-2-10所示页面，完成店铺信息采集。

在店铺信息采集页面，需上传个人证件的正反面照片，大小不超过4 MB，不小于100 KB，经营地址会自动匹配身份证上的信息，核对已认证的支付宝认证信息无误后，单击"确认提交"按钮。平台审核后进入下一步——实人认证。

图 1-2-9　开店认证（支付宝认证）

图 1-2-10　店铺信息采集

（3）实人认证

在图1-2-11中，使用手机淘宝扫一扫图中二维码，进入人脸识别环节，按照提示内容完成动作，完成实人认证。需注意的是登录的淘宝账号需与申请的淘宝账号一致，且需信息登记的证件持有人本人刷脸认证，方可完成实人认证。

图 1-2-11　实人认证扫码人脸识别

6. 开店成功

扫脸完成认证后，会显示"恭喜你开店成功"的提示，这时就拥有了一个淘宝店铺的主账号，接下来就可以完善如下信息了。

（1）完成商家创业档案

认证完成后，显示开店成功，接下来完成商家创业档案的填写，可以让平台全面了解店主的信息，为店主推荐更好的扶持政策和新商福利。

（2）发布商品

店铺创建成功后，可以发布商品，需注意的是开店成功后5周内不发布商品，店铺将会自动释放，再登录时就需要重新操作激活。

想一想

已经开设一家淘宝店，可以再申请开设第二家吗？

7. 修改店铺信息

淘宝店铺申请成功后,如果要更改店铺信息,就需登录账号进入卖家中心,如图1-2-12所示,单击"店铺"选项下的"店铺信息",再单击右上角的"修改信息"按钮,即可进行店铺信息修改。

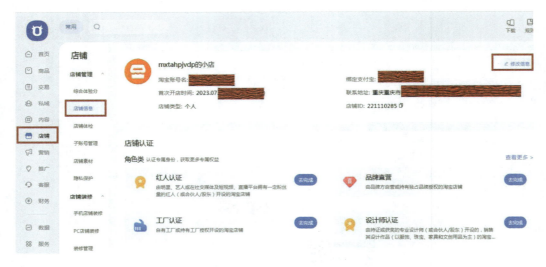

图 1-2-12　修改店铺信息

 **想一想**

个人申请店铺需要办理营业执照吗?

知识窗

《中华人民共和国电子商务法》第十条　电子商务经营者应当依法办理市场主体登记。但是,个人销售自产农副产品、家庭手工业产品,个人利用自己的技能从事依法无须取得许可的便民劳务活动和零星小额交易活动,以及依照法律、行政法规不需要进行登记的除外。

ZHISHICHUANG

运营实战

宜品电商团队学习了开店流程及店铺信息填写后,决定采用同样的方法申请销售"无人机"的店铺。请打开电商网站,按照开店流程完成"无人机"店铺的申请与相关店铺信息填写。

运营总监点拨

发布商品需要缴纳保证金吗?

开店后可以先发布商品,在首个成交日(即产生付款的订单)次日缴纳相应额度的基础保证金,同时平台会在每月6日根据店铺近30天的成交情况进行基础保证金额度的调整。

详细规则如下:

(1)卖家开店后无成交的,基础额度为0,暂无须缴存保证金基础额度。

(2)卖家开店后出现首个成交日,以当天成交较高类目对应的全店成交不同阶梯档位额度作为保证金基础额度。

(3)淘宝网在每月6日,根据卖家店铺近30天成交较高类目对应的全店成交不同阶梯档位额度作为其保证金基础额度进行调额。

YUNYINGZONGJIANDIANBO

活动二　团队账号设置

宜品电商团队完成了个人店铺的申请,就拥有一个主账号,而一个店铺想要运营好,只靠一个人是不行的,需要一个团队共同努力。根据店铺发展的需要,需对团队人员进行分工,分别从事运营、美工、客服、管理等工作,以提升网店运营效率。接下来需要在店铺后台中设置员工的信息,并为其分配子账号,帮助主账号管理店铺,提升店铺的经营效果。创建团队子账号操作步骤如图1-2-13所示。

图 1-2-13　创建团队子账号的流程图

一、创建部门

宜品电商团队根据店铺需要,需要建立运营部、美工部和客服部。

1. 进入店铺后台页面

打开淘宝首页,单击如图1-2-14所示的"千牛卖家中心"按钮,输入淘宝店铺账号和密码,进入淘宝店铺后台。

图 1-2-14　淘宝店铺后台入口

2. 新建部门

在店铺后台管理页面中,单击"店铺"→"店铺管理"→"子账号管理",如图1-2-15所示,在"子账号管理"选项下,单击"新建部门"按钮,即可新建部门。新建好的部门在"我的团队"下方显示出来。

图 1-2-15　新建部门

二、管理员工账号

在管理店铺的过程中，因为公司人员的流动及岗位的变化，需要在店铺中新建员工账号、删除员工账号，还可能涉及修改账号密码等操作，这里介绍新建子账号及删除子账号的操作方法。

1. 新建子账号

单击"新建子账号"按钮，完善如图1-2-16所示页面的子账号信息。设置账号名称、选择部门、输入手机号码、输入密码，并勾选"选择岗位"选项，赋予岗位权限，员工即可使用账号管理店铺。子账号的建立，让店铺有了清晰的组织结构，主账号可以清楚了解整个子账户的分工，各部门分工明确细致，这样才能事半功倍地提高团队员工的管理效率。

图 1-2-16　子账号基础信息填写

建立子账号，除了可逐个填写基础信息，还可以下载导入模板，批量新建子账号。新建成功的子账号如图1-2-17所示，在此页面中，还可以进行修改权限和子账号信息，以及创建自定义岗位等账号管理。

图 1-2-17　新建成功的子账号

想一想

在新建子账号时，子账号有名额限制吗？

微课

创建子账号的
方法

知识窗

淘宝子账号（员工账号）的功能：

（1）沟通功能（与人聊天、旺旺分流接单）：子账号一旦创立，在没有停止的情况下，就可以用子账号名和创建时的密码登录旺旺，与其他人聊天。分流的意思就是在某段时间内和主旺旺聊天的人很多，如果启用了分流功能的子账号登录，一部分客人就会被分流去和子账号聊天。

（2）店铺管理（需得到主账号授权）：子账号创建后，主账号给子账号授权相关功能，如商品编辑、上下架、改价、发货、退款等，子账号登录淘宝"卖家中心"即可帮助管理店铺。

ZHISHICHUANG

2. 删除子账号

在子账号管理页面中，勾选其中的子账号，单击"删除子账号"选项，即可删除该子账号，子账号删除后，对应的员工将无法登录千牛卖家中心、旺旺等。

运营实战

用主账号在千牛卖家中心创建4个员工子账号，并授予相关权限功能。子账号的基础信息见表1-2-2。

表1-2-2　员工子账号基础信息

姓名	选择岗位	部门	账号名	安全验证手机	花名
李幻巧	客服	客服部	李幻巧	11156228369	巧巧
王浩一	运营	运营部	王浩一	11625986398	浩浩
魏程阳	美工	美工部	魏程阳	11333654589	阳阳
陈航	客服主管	客服部	陈航	11563971203	航航

运营总监点拨

　　在进行淘宝店铺账号管理时,账户安全是非常重要的,一定要保护好账户密码和支付密码,不要随意泄露,养成恪守信用、严守机密的职业素养。在进行账户设置时,一定要认真填写信息,以免出现错误或遗漏,培养认真仔细的工作态度。

【1+X实战演练】

第一部分　理论测试题

一、单选题

1. 百度指数有三个功能模块,分别是趋势研究、需求图谱和（　　）。

A. 人群画像　　　　B. 用户画像　　　C. 访客画像　　　　　　D. 行为数据

2. 下列关于数据分析的说法,正确的是（　　）。

A. 要基于可靠的数据源

B. 根据数据特点选择图表的配色方案,风格越多样越好

C. 结论要明确、翔实并有层次性,不可对未来进行预测

D. 行文保持自己的语言习惯和风格即可,展现自己的独特性

3. 《中华人民共和国电子商务法》于2019年开始实施,其要求淘宝店必须办理营业执照吗?（　　）

A. 需要办理

B. 不需要办理

C. 是否需要办理取决于经营类目

D. 是否需要办理看卖家的个人意愿

4. 以下属于C2C电商交易平台的是（　　）。

A. 淘宝　　　　　　B. 京东　　　　　C. 亚马逊　　　　　　　D. 天猫

5. 速卖通个体工商户或企业身份均可开店吗?（　　）

A. 可以开店　　　　B. 仅企业　　　　C. 仅个体工商户　　　　D. 都不可以

二、多选题

1. 网销商品具有哪些特点?（　　）

A. 易于包装　　　　B. 可重复购买　　C. 高成本　　　　　　　D. 高需求

2. 以下属于第三方数据分析工具的是（　　）。

A. 百度指数　　　　B. 生意参谋　　　C. 数据纵横　　　　　　D. 谷歌趋势

3. 个人创业的货源渠道主要包括（　　）。

A. 线下进货　　　　B. 线上货源　　　C. 工厂代工　　　　　　D. 品牌代理

4. 根据《中华人民共和国电子商务法》，线上店铺经营者需要做到（   ）。

A. 办理、公示营业执照信息   B. 自觉开具发票

C. 依法缴税纳税   D. 建立健全信用评价制度

5. 针对国内网络零售市场，京东提供了三类入驻平台，分别是（   ）。

A. 自营零售平台   B. 京喜拼购平台

C. C2B 拼团平台   D. 第三方零售平台

三、判断题

1. 《中华人民共和国电子商务法》实施后，淘宝个人店铺的经营者也要像实体店铺的个体户一样，办理营业执照。（   ）

2. 网上开店要遵守国家的法律法规。（   ）

3. 百度指数分析工具中的需求图谱功能展示所选关键词在百度的搜索指数及受关注指数，反映该关键词的热门程度。（   ）

第二部分 实训练习

案例分析题

张晶在大学所学的专业是服装设计，毕业后想回家乡工作，她决定在网上开店进行创业，手里有 2 000 元的启动资金。她该如何选择开店平台？如何选择货源？如何选品？

◆ 项目评价

班级		姓名			
练习日期		评价得分			
完成效果评价		□优 □良 □中 □差			
序号	评分项	得分条件	分值/分	评分要求	得分/分
1	商品类目分析	①能分析网销商品的特点； ②能查询并选择商品类目； ③能描述货源的几种渠道； ④能使用百度指数查看数据； ⑤能在百度指数中查看需求图谱和人群画像	25	①任务完成且完成效果好，每项5分； ②未完成任务或任务完成错误，该项不得分； ③任务未全部完成，根据情况得部分分	
2	人群定位分析	①能在百度指数中查看人群地域信息； ②能在百度指数中查看人群年龄信息； ③能在百度指数中查看人群性别信息	18	①任务完成且完成效果好，每项6分； ②未完成任务或任务完成错误，该项不得分； ③任务未全部完成，根据情况得部分分	

续表

序号	评分项	得分条件	分值/分	评分要求	得分/分
3	市场前景分析	①能分析市场大环境数据； ②能分析行业发展现状； ③能预测行业未来的发展趋势	21	①任务完成且完成效果好，每项7分； ②未完成任务或任务完成错误，该项不得分； ③任务未全部完成，根据情况得部分分	
4	个人店铺申请	①能申请淘宝账号； ②能说出申请个人店铺需要的资质； ③能申请个人店铺并完善店铺信息； ④能申请支付宝账号	24	①任务完成且完成效果好，每项6分； ②未完成任务或任务完成错误，该项不得分； ③任务未全部完成，根据情况得部分分	
5	团队账号管理	①能创建部门； ②能创建员工账号并分配管理权限； ③能删除、更改、添加员工账号及权限	12	①任务完成且完成效果好，每项4分； ②未完成任务或任务完成错误，该项不得分； ③任务未全部完成，根据情况得部分分	
总分			100		
备注		优：85~100分；良：61~84分；中：35~60分；差：0~35分			

运营案例赏析

　　大数据时代是数据为王的时代，掌握了数据就能对数据进行深入分析，了解数据背后的逻辑关系。中国著名的电商平台都有强大的大数据分析能力，能实现个性化推荐，通过对用户过去的购买记录、浏览行为等数据进行分析和挖掘，能准确地向用户推荐他们可能感兴趣的商品，这种个性化推荐不仅提升了用户的购物体验，也为平台带来了可观的销量。如京东、淘宝、美团等企业都对数据进行深入分析与挖掘，能做到精准推送消息、精准营销。

YUNYINGANLISHANGXI

项目二
店铺管理

【项目概述】

对于一个店铺而言，需要完成申请店铺、装修店铺、上架商品等流程，才能开始交易，而在商品交易过程中需要处理物流订单、交易订单等，这些都是店铺运营过程中的前期管理。在本项目中，宜品电商团队将通过三个任务完成店铺的前期管理，也为开展站内促销做好前期铺垫工作。

【项目目标】

知识目标

+ 明确店铺管理的范围；
+ 牢记店铺管理的操作步骤。

技能目标

+ 能完成网店首页及详情页的装修；
+ 能选择合适的货源并在店铺中上架商品；
+ 能跟踪订单并处理投诉事件。

思政目标

+ 培养审美意识；
+ 培养电商规则意识；
+ 培养客户服务意识。

[任务一]

店铺装修

◆ 任务描述

　　宜品电商团队成功申请淘宝店铺后，准备对自热火锅移动端店铺首页进行装修。为了给消费者良好的视觉体验，帮助消费者尽快了解店铺与产品的情况，促使其下单，宜品电商团队学习了其他自热火锅竞品店铺的首页装修，分析了主营产品特征和消费者购物心理，并对店铺首页进行了规划。根据规划的结果进行店铺首页装修，首页装修主要通过淘宝页面装修容器中的官方基础模块进行，具体包括添加装修模块、编辑模块内容，最后预览效果。

◆ 任务实施

微课

规划店铺首页

活动一　规划店铺首页

　　为了设计出吸引消费者的店铺首页，宜品电商团队在分析同类店铺的布局、主营产品及消费者购物心理等的基础上，对店铺首页进行了规划。店铺首页规划的操作步骤如图2-1-1所示。

图 2-1-1　规划店铺首页的流程图

文档

不同类型的淘宝网店怎么装修

一、同类店铺分析

　　同类店铺分析的目的是了解同类店铺首页的装修风格、装修布局、首屏海报、主推商品、优惠活动等，为自己店铺的装修提供参考，如图2-1-2所示。

图 2-1-2　同类店铺首页

做一做

为更好地分析同类店铺的首页装修情况，查看淘宝网中排名靠前的3个自热火锅店铺的首页装修，填写表2-1-1中的内容。

表2-1-1 同类店铺首页装修分析

店铺首页装修	呈现内容		
	同类店铺1	同类店铺2	同类店铺3
装修风格	以红色为主色调，画面饱满……		
装修布局	包括店铺热搜、单品海报、热卖爆款……		
店铺热搜			
首页海报			
主推产品			
促销活动			
分类导航			

知识窗

装修风格：不同的装修风格可以营造出不同的氛围，从而更好地推销产品。网店的整体风格要一致。

装修布局：布局合理的店铺能增加客户的好感，方便其购买，从而提升销量。

首页海报：可以更好地向消费者传递最新的优惠资讯和活动资讯，主要用于品牌宣传、新顾客专享、会员权益、新品推广、清仓处理、爆款推荐、促销活动等。

主推产品：需要通过主推产品达到引流的目的。

优惠活动：适时开展或参与促销活动有利于提升店铺人气，促进店铺推广和商品的成交转化。

分类导航：店铺内的分类标签清晰明了，能让用户轻松找到所需商品。

ZHISHICHUANG

二、主营产品分析

根据主营产品的消费群体、产品颜色、产品包装、促销活动、适用场景等来确定店铺首页的规划。

 做一做

分析店铺主营产品，根据产品的颜色、包装规划店铺首页装修的风格，以图2-1-3为例，填写表2-1-2中的内容。

图 2-1-3　产品图片

表2-1-2　主营产品适合的装修风格

主营产品参数	适合的装修风格	
	主营产品1	主营产品2
颜色、包装	以黑色为主色调……	

三、消费者购物心理分析

消费者的年龄、性别、职业、爱好等各不相同，导致他们的购物习惯不同。店铺首页的规划要适应消费者的购物习惯，在分析消费者购物心理的过程中摸索店铺的装修风格。

 做一做

分析不同消费人群的购物心理，规划店铺首页的装修布局、分类，填写表2-1-3中的内容。

表2-1-3　不同消费者适合的装修布局、分类

消费者人群	适合的装修布局	适合的分类导航
家庭消费人群	促销活动明显……	热销商品……
商业人士		
学生		

想一想

针对相同的人群、不同的产品，装修布局和分类导航还会受哪些因素的影响？

四、店铺首页规划

通过对同类店铺首页、主营产品、消费者购物心理的分析，宜品电商团队决定利用百度

脑图对店铺的首页进行规划。用思维导图的方式来列举店铺首页规划需考虑的因素。

（1）打开百度脑图，选择脑图样式，输入脑图主题"店铺首页规划"。

（2）输入下一级主题内容，展示店铺首页装修规划的内容，如图2-1-4所示。

文档

利用百度脑图
操作思维导图

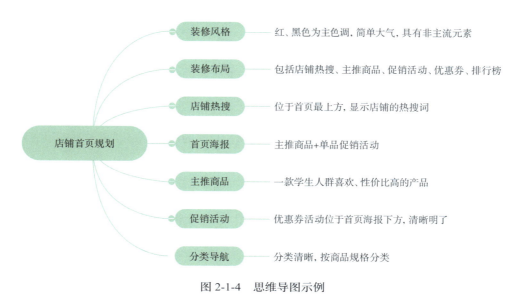

图 2-1-4　思维导图示例

做一做

以自热火锅为例，查看图2-1-3，对店铺首页进行规划，在图2-1-5上进行填写。

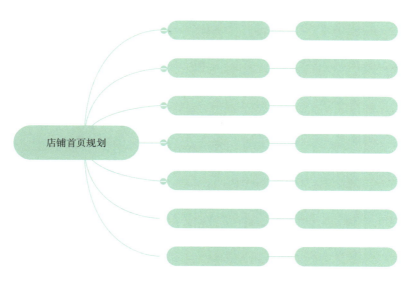

图 2-1-5　自热火锅思维导图分析

想一想

对于店铺首页规划，还可以加入哪些装修模块来体现店铺的个性化？

运营实战

以无人机销售店铺为例，通过对同类店铺首页、主营产品、消费者购物心理的分析，从装修风格、装修布局等方面进行店铺首页规划。

活动二　装修店铺首页

店铺首页规划完成后，宜品电商团队即将对淘宝店铺首页进行装修，移动端店铺首页根据页面装修容器中的官方模块进行装修，PC端店铺首页根据官方提供的基础模块进行页面装修，在装修页面中添加模块，编辑内容，并预览首页效果。宜品电商团队根据前期的数据分析发现，自热火锅店铺的流量主要来自移动端，为吸引更多的消费者，主要对移动端店铺首页进行装修，装修的操作步骤如图2-1-6所示。

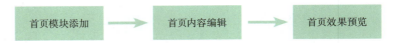

图 2-1-6　装修店铺首页的流程图

文档

如何设计好电商的手机端首页

一、首页模块添加

淘宝手机店铺页面装修容器包括官方模块和已购小程序模块，官方模块包括图文类、视频类、营销互动类、LiveCard、宝贝类5种类型的模块，已购小程序模块展示卖家根据店铺需要购买的个性化装修模块。在进行首页装修时，直接把页面容器中的模块拖入画布区域中，如图2-1-7所示。

图 2-1-7　淘宝店铺装修页面

（1）图文类模块：轮播图海报、单图海报、猜你喜欢、店铺热搜、文字标题、多热区切图、淘宝群聊入口模块、人群海报、跨境专享卡片（仅针对境外IP可见）、免息专属飘条、CRM人群福利—店铺模块、官方消费者防诈模块，共12个模块，如图2-1-8所示。

图 2-1-8　图文类模块

知识窗

　　轮播图海报：常用于多商品（主题）展示，主要意图是品牌宣传、介绍老客权益、清仓处理、爆款推荐等。

　　单图海报：常用于单商品（主题）展示，主要意图是品牌宣传、大促销等。

　　猜你喜欢：系统根据算法自动展现，无须编辑。

　　店铺热搜：系统根据算法自动展现，无须编辑，当搜索词不足3个时，则该模块在店铺首页中不展示。

　　文字标题：常用于悬挂店铺公告或活动说明。

　　多热区切图：图片切分为多个可点击区块，常用于多商品（主题）展示。

　　淘宝群聊入口模块：仅符合入群条件的消费者可见，需要先创建群。

　　人群海报：根据私域人群设置定向策略海报。

　　跨境专享卡片（仅针对境外IP可见）：针对境外人群的展示。

　　免息专属飘条：首页引导图，实现页面跳转。

　　CRM人群福利—店铺模块：设置新享首单礼金权益，配置引导老客成交策略。

　　官方消费者防诈模块：展示防诈骗公告。

ZHISHICHUANG

 做一做

　　以销售自热火锅为例，选择3个图文类模块添加到店铺首页中，完成表2-1-4的填写。

表2-1-4　图文类模块的添加

图文模块	添加模块的意图

（2）视频类模块：单视频，只有1个模块，如图2-1-9所示。

（3）LiveCard模块：测款选品、天猫U先—店铺派样、天猫U先—免费试用，共3个模块，如图2-1-10所示。

（4）营销互动类模块：店铺优惠券、裂变优惠券、购物金、芭芭农场、店铺会员模块、人群优惠券，共6个模块，如图2-1-11所示。

图 2-1-9　视频类模块

图 2-1-10　LiveCard 模块

图 2-1-11　营销互动类模块

做一做

以销售自热火锅为例，选择4个模块添加到店铺首页中，包括视频、LiveCard、营销互动类模块，完成表2-1-5的填写。

表2-1-5　视频、LiveCard、营销互动类模块的添加

添加的模块	添加模块的意图
视频	
LiveCard	
营销互动类	

（5）宝贝类模块：排行榜、智能宝贝推荐、系列主题宝贝、鹿班智能货架、免息商品智能货架、大促预售商品货架（天猫预售专用），共6个模块，如图2-1-12所示。

图2-1-12　宝贝类模块

知识窗

　　排行榜：按照店铺内的销量自动抓取商品的货架，当商品不足3个时，该模块在店铺首页中不展示。

　　智能宝贝推荐：支持选品的千人千面货架，无标题文案，为了有更好的展示效果，商品图优先展示素材图和白底图。

　　系列主题宝贝：支持选品的千人千面货架，有标题文案，为了有更好的展示效果，商品图优先展示素材图和白底图。

　　鹿班智能货架：自动选品的千人千面货架，支持更多皮肤样式。

　　免息商品智能货架：由鹿班提供的智能展示货架。

　　大促预售商品货架（天猫预售专用）：需满足每行3个的最小商品展示数量要求。

ZHISHICHUANG

 做一做

　　以销售自热火锅为例，选择2个宝贝类模块添加到店铺首页中，完成表2-1-6的填写。

表2-1-6　宝贝类模块的添加

宝贝类模块	添加模块的意图

想一想

　　店铺装修时，除官方模块外，店铺还可以购买淘宝服务市场的哪些装修模块？

 做一做

　　PC端店铺首页装修与移动端店铺首页装修都根据淘宝官方基础模块来完成，装修方法相似，请同步完成自热火锅店铺的PC端店铺和移动端店铺首页装修。

二、首页内容编辑

　　宜品电商团队完成首页模块的添加后，还需要对各个模块的内容进行编辑并上传。页面装修时，选中画布区域中添加的某一个模块，在右边的窗口便可对模块名称、上传图片的尺寸、智能展现等基础内容进行编辑。宜品电商团队根据前期分析发现轮播图展示内容丰富，引流效果好，对轮播图进行编辑并上传，如图2-1-13所示。

图 2-1-13　轮播图海报编辑上传

算法排序: 当用户输入关键词进行搜索时, 系统依据算法模型给匹配到的每个商品进行实时计算, 并按照分数的大小对商品进行排序。

智能展现: 为获取更多流量, 系统根据算法自动优先展现效果最好的内容。

千人千面: 系统根据顾客的特征和需求, 在页面为每个人提供个性化的宝贝展示, 每个人看到的商品都是自己喜欢的, 以此提升客户体验和转化率。

鹿班: 能够协助商家在短时间内批量制作宝贝详情页的banner图、海报图和会场图, 能够有效提升商家的工作效率。

 做一做

轮播图模块内容已编辑上传, 请根据表2-1-4—表2-1-6的填写内容, 上传首页其余各模块的内容, 并完成表2-1-7的填写。

表2-1-7　列举各模块的编辑内容

添加的模块	列举各模块的编辑内容

做一做

PC端店铺首页装修模块已添加，同步完成自热火锅店铺的PC端店铺首页内容的编辑和上传。

三、首页效果预览

宜品电商团队完成首页模块的添加和编辑后，在页面的右上角单击"预览"，根据预览效果适时调整装修页面。

宜品电商团队通过反复预览和修改后，完成了店铺首页的装修。这时，在页面的右上角单击"发布"即可发布首页，如图2-1-14所示。

图 2-1-14　店铺首页发布

 温馨提示

发布分为立即发布和定时发布。立即发布：当前页面立即被推送上线。定时发布：可以设置最近7天内任意时间段发布页面。

 做一做

在表2-1-4—表2-1-7的基础上，完成移动端店铺首页的预览和定时发布。

 做一做

自热火锅店铺的PC端店铺首页装修模块已添加、编辑并上传，继续完成PC端店铺首页的预览和发布。

 **运营实战**

按照活动一中无人机销售店铺的规划，完成移动端、PC端店铺首页的装修模块添加、内容编辑及上传、预览、发布。

[任务二]   No.2

发布管理

◆ **任务描述**

宜品电商团队装修好店铺之后，接下来就准备上传商品到店铺中，这是销售商品前的最后一个工作。团队联系了一个商家，该商家同意团队销售自己生产的商品，因此，团队需要发布宝贝完成商品上架。同时，为了增加店铺销售的商品数量，团队决定分销1688平台的商品，即通过"一键代发"销售商品。

◆ **任务实施**

活动一　发布自家宝贝

宜品电商团队联系到了生产自热火锅的某商家，该商家同意在团队经营的店铺中销售自家商品，同时商家将销售商品的图文及视频信息分享给了团队，授权团队上传商品信息，即发布宝贝，发布宝贝的操作步骤如图2-2-1所示。

图 2-2-1　发布宝贝的流程图

一、上传素材

1. 上传图片

（1）新建图片文件夹。单击"千牛卖家中心"→"商品"→"商品管理"→"图片空间"，在图片空间中新建一个"自热火锅"的文件夹。

（2）上传图片到图片空间。将商品图片上传到"自热火锅"文件夹中，完成后的效果如图2-2-2所示。

图 2-2-2　图片空间文件管理

 做一做

　　对于店铺中的素材，其使用的场景不一样，素材的规格要求也不一样，请查阅资料，填写淘宝平台对不同规格图片的要求，将内容填写到表2-2-1中。

表2-2-1　图片规格一览表

图片规格	图片背景	图片尺寸	图片分辨率	图片储存格式	图片容量大小
白底图	白色背景	800px×800px	72dpi	PNG/JPG	小于3MB
透明图					
场景图					
长图					

2. 上传视频

　　（1）新建视频文件夹。单击"千牛卖家中心"→"商品"→"商品管理"→"视频空间"，在视频空间中新建一个"自热火锅"的文件夹。

　　（2）上传视频到视频空间。将商品视频上传到"自热火锅"文件夹中，完成后的效果如图2-2-3所示。

图 2-2-3　视频空间文件管理

想一想

商家为什么将商品图片和视频分别上传到图片空间和视频空间?

文档

淘宝网商品发布
规范

 运营实战

团队将自热火锅的图片和视频上传到空间后，决定对无人机店铺的图片及视频空间进行管理，请创建文件夹后上传素材到对应的文件夹中。

二、发布宝贝

发布宝贝即是将商品信息填写到店铺的对应栏目中，买家看到的商品详情页中的信息都是卖家通过发布宝贝这一流程填写的信息。在发布宝贝的过程中，需要准确填写基础信息、销售信息、物流信息、支付信息、图文描述内容、售后服务内容等，对不同品类的宝贝还需要填写其他信息，比如食品类就需要填写食品安全信息。

1. 进入"发布宝贝"页面

单击"千牛卖家中心"→"商品"→"商品管理"→"发布宝贝"→"发布新商品"，如图2-2-4所示。

图 2-2-4　选择"发布新商品"

2. 选择类目

类目是商品在网页中存储时存放的对应文件夹，平台会根据买家搜索的关键词在对应的类目中搜索商品。类目选择错误，就得不到对应的搜索流量。选择类目的操作方法如下：

在搜索框中输入"自热火锅"，然后单击"搜索"按钮，在推荐的类目中选择最准确的类目，然后单击"下一步，发布商品"，如图2-2-5所示。

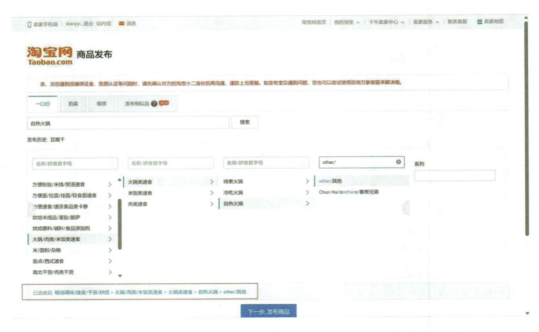

图 2-2-5　选择商品类目

 做一做

通过发布商品查看商品的一级、二级、三级、四级类目，将对应的信息填写在表2-2-2中。

表2-2-2　商品类目列表

商品名称	一级类目	二级类目	三级类目	四级类目
自热火锅	粮油调味/速食/干货/烘焙	火锅/肉类/米饭类速食	火锅类速食	自热火锅
旅行箱				
汽车机油				
理发器				

3. 填写宝贝基础信息

首先在宝贝标题处输入"懒人火锅自热小火锅速食网红自煮自助即食麻辣烫一箱套餐"，然后填写商品的包装方式等信息（信息的填写要求准确），如图2-2-6所示。

4. 填写食品安全信息

食品安全信息按包装盒中的内容如实填写，需要填写的内容如图2-2-7所示。

5. 填写销售信息

商品的销售信息即商品的参数信息，衣服的型号、食品的口味、鞋子的尺寸等属于商品的销售信息，在自热火锅中，一个SUK就是一个销售信息。图2-2-8所示为一个商品的详细销售信息。

图 2-2-6　填写商品基础信息

知识窗

宝贝标题的作用是让买家通过搜索关键词时发现并点击商家的宝贝。淘宝宝贝标题最多由60个字符组成,其中一个汉字占两个字符。宝贝标题必须准确,不能包含夸大宝贝性能的词语,未经授权不能使用品牌词。

宝贝标题由品牌词、属性词、关键词、营销词、类目词等词语组成。宝贝标题的组成公式为:"产品的品牌词+产品的属性词+产品的核心关键词+产品的次核心关键词+营销词",我们可以利用这个公式做变换,形成多种标题的组合形式。

ZHISHICHUANG

微课

发布宝贝

在销售信息处,正确填写商品的口味(SKU)、发货时间、价格、销售规格,完成后形成如图2-2-9所示的销售信息。

6. 设置物流信息

(1)在"物流信息"中,单击"新建",在运费模板中新建运费模板,如图2-2-10所示,进入运费模板设置页面。

(2)在模板名称中输入对应的信息。单击"保存并返回"按钮后即添加了一个运费模板,图2-2-11所示为模板信息示例,具体的信息应据实填写。

文档

淘宝网生鲜食品
品质抽检规范

食品安全

① 请务必准确、完整填写食品安全相关信息，更完善的卖点信息将会在详情页、搜索、推荐、会场等展示，增加曝光和转化 应用示例
无需再将手机图导入电脑：保存手机图至手机千牛图片空间，可直接在电脑选择对应图片上传 应用示例

外包装图片 可解析图片快速填写内容，或多次上传分别解析 上传示例 操作指南

条形码图片	营养成分表图片	外包装正面图	外包装背面图	外包装侧面图1	外包装侧面图2
+ 添加上传图片	+ 添加上传图片	+ 添加上传图片	+ 添加上传图片	+ 添加上传图片	+ 添加上传图片

*商品条形码 ② 请保此处条码和下方营养成分正确匹配，若各规格营养不同，可在销售规格处单独填写对应条码，条形码将会在商品搜索、详情等场景应用，请务必如实填写，若商品未申请条码
（例如：仅二维码认证），请填写13个0。

0000000000000   13/32

成分表 请务必仔细检查并准确填写，避免被投诉或被要求金额赔付的风险
请确保与上方条码正确匹配，若您的商品对应多个营养成分表，请勾选以下免责声明

☐ 本商品含有多种口味或包装，本营养成分表为其中一个

计量单位 每100克

项目	每100克含量		营养成分参考值
能量	请输入数字	kJ	
蛋白质	请输入数字	g	
脂肪	请输入数字	g	
-反式脂肪	请输入数字	g	

操作返回

客服

图 2-2-7 食品安全信息

口味：

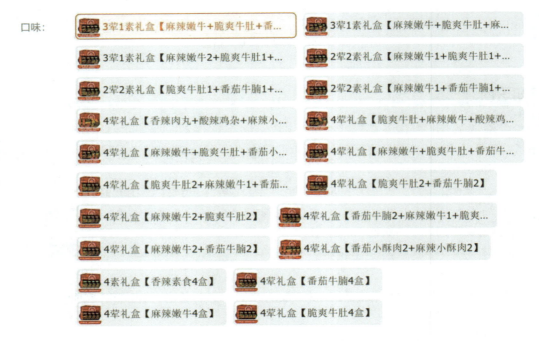

图 2-2-8 某商品的销售信息

图 2-2-9　填写销售信息

图 2-2-10　新建运费模板

图 2-2-11　设置运费模板信息

做一做

为降低运费成本，请查一查韵达、圆通、中通、天天、EMS等快递公司的资费标准，选择合作的快递公司，与之洽谈后建立运费模板。

7. 设置支付信息

在支付信息处，根据需要设置支付信息，这里选择"买家拍下减库存"。

8. 设置图文描述信息

（1）添加基础素材主图图片。在主图图片处单击"添加图片"，如图2-2-12所示，会显示出图片空间中的图片，选择"自热火锅"文件夹中的"主图"文件夹，选择需要上传的图片，单击"上传图片"按钮即可。

图 2-2-12　添加图片

（2）依次添加基础素材中的图片及视频。

（3）按同样的方法添加"导购素材"中的详情页图片。添加图片后通过移动图片来调整图片的排列顺序，在"预览"处可以查看在移动端和PC端的显示效果，如图2-2-13所示。

9. 设置售后服务信息

设置退换货承诺及服务承诺（根据实际情况填写），如图2-2-14所示。

10. 上架商品

在店铺的商品仓库中，根据人群的购买时间单击"上架商品"按钮即可。

图 2-2-13　详情页图片显示效果

图 2-2-14　设置宝贝售后信息

 **运营实战**

请将无人机的商品信息上传到店铺中，为销售无人机做准备。

运营总监点拨

　　发布宝贝是销售商品前的一个重要操作，宝贝信息填写是否恰当，会直接影响平台分配的免费流量。在发布宝贝时，首先需要准确无误地填写宝贝信息，同时也要遵守平台的规则，否则商品会被下架甚至会受到平台的处罚，作为电商行业从业人员，应该具有诚实守信的品质。在发布宝贝时，需要注意以下几个问题：

- 宝贝标题是免费流量来源的关键，需要制作高质量的宝贝标题。
- 宝贝图片也是影响流量的关键，图片必须适合平台的要求。
- 物流与利润息息相关，需要尽量降低物流费用，从而提高利润空间。
- 制作图文信息时，需要充分挖掘买家的痛点，才能提高转化率。

YUNYINGZONGJIANDIANBO

活动二　上架"一件代发"货源

　　当卖家缺少货源时，可在1688平台中淘货源，1688平台为新卖家提供了一个庞大的供货平台。宜品电商团队为了增加店铺的销售商品数量，决定代销1688平台中的商品（一件代发），上架"一件代发"货源的操作步骤如图2-2-15所示。

图 2-2-15　上架"一件代发"货源的流程图

一、找货源

　　（1）在浏览器中输入1688平台的网址，然后使用淘宝账号登录平台，在首页中选择"找货源"，然后在搜索栏处输入需要查找货源的关键词"自热火锅"，如图2-2-16所示，单击"搜索"按钮后即可显示出搜索结果。

图 2-2-16　1688 网站首页

　　（2）在搜索结果中，根据自己的实际情况，选择"一件包邮""1688严选""48小时内发货""实力商家"等选项，如图2-2-17所示。

图 2-2-17　筛选商品

想一想

为什么要选择"一件包邮""1688严选""48小时内发货""实力商家"？他们各有什么作用？如果是你，你还会选择哪些选项？请说出你的理由。

（3）在搜索页面中，挑选准备代销的商品，确定目标后单击商品进入详情页，选择"一件代发"，再单击"快速铺货"，如图2-2-18所示。

图 2-2-18　一件代发详情页

（4）在弹出的窗口中，选择"官方铺淘工具"即可将货品铺到自己的店铺中，如图2-2-19所示。可以在千牛工作台中查看商品，也可以上架商品。

（5）通过同样的操作，挑选其他的意向代销商品，此时，所有的代销商品在个人信息的"铺货管理"中。

图 2-2-19　官方铺淘工具铺货

想一想

买家在个人店铺中下单后，针对"一件代发"的商品，卖家需要做什么操作才能在1688平台中为买家发货呢？请将你的操作写在下面的横线上。

_____

二、查看商品

在1688平台左侧显示了买家个人信息页面，在此页面中可以查看铺货管理、订单管理、供应商管理等信息。下面介绍查看"已铺货商品"的操作方法。

（1）在1688买家中心单击"铺货管理"→"已铺货商品"即可，如图2-2-20所示。

（2）单击"已铺货商品"，即可查看从1688平台中淘到的货源信息，如图2-2-21所示。

三、上架商品

（1）在"已铺货商品"列表中，单击"去上架"按钮，进入发布宝贝页面，如图2-2-22所示。

（2）在发布宝贝页面中，可以发现除食品安全外，其他基础信息基本填写完整，一是需要将未完成的信息按1688平台中的商品信息完善；二是需要优化信息，如修改价格、优化图片等，图2-2-23中就有图片、价格、数量等信息需要优化。优化代销商品的操作方法与活动一中发布宝贝的操作方法相同。

图 2-2-20　1688买家中心

图 2-2-21　已铺货商品页面

图 2-2-22　修改宝贝详情信息

图 2-2-23　优化 1688 平台的宝贝详情信息

运营实践

针对销售无人机的店铺，进入1688平台寻找货源，至少选择5个目标货源，并对目标货源进行上架，请将你选择的目标货源及选取理由填写在表2-2-3中。

表2-2-3　选择目标货源及选取理由

店铺名称	产品型号	产品价格	销量	选取理由

（3）价格的制订。一口价的价格可以制订为最低价商品的价格，这样可以起到引流的作用。销售宝贝规格中的价格则根据"成本×系数"来定价。

运营总监点拨

价格决定利润。无论是自有商品还是一件代发商品，制订一个有效的定价策略非常重要。在制订价格时，不能用现在的卖价作为现在的标价，价格的变动会丢失流量。通常情况下可以参照"价格=成本×2.5"的策略定价，但最后销售时可以通过活动、降价、送赠品等策略实现降价。

作为卖家，我们的目标是实现利润最大化，但在销售的过程中，需要保障商品质量，做到价格与价值成正比，使卖家觉得物有所值，这样即可形成稳定的客户人群，也可使店铺良性发展。

YUNYINGZONGJIANDIANBO

［任务三］　　No.3

交易管理

◆ **任务描述**

宝贝上架后，由于淘宝平台流量的扶持，宜品电商团队很快迎来了第一个订单，听到出单消息，团队成员既兴奋又紧张。交易管理是淘宝店铺经营的关键环节，做好交易管理可以提升店铺的服务品质和用户满意度，从而促进销售业绩的提升。交易管理包括三个部分的内容，即订单管理、物流管理、投诉与申诉管理。

◆ **任务实施**

活动一　订单管理

订单发出后,接下来就是对订单进行日常管理,内容包含已卖出的宝贝、退款管理和评价管理,开展订单管理的操作步骤如图2-3-1所示。

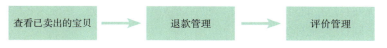

图 2-3-1　订单管理流程图

一、查看已卖出的宝贝

单击"千牛卖家中心"→"已卖出的宝贝",在"已卖出的宝贝"中,包括等待买家付款、等待发货、发货即将超时、已过发货时间、已发货、退款中、需要评价、成功的订单和关闭的订单这9种订单状态,如图2-3-2所示,单击订单状态可查询相应的订单。

图 2-3-2　订单状态

除此之外,还可以用订单编号、买家昵称、订单时间等进行订单的搜索,如图2-3-3所示。

图 2-3-3　搜索订单界面

二、退款管理

退款管理属于售后管理的一项内容,淘宝的售后管理包含了仅退款(未发货)、仅退款(已发货)、退货(已发货)、维修、换货、补寄和退运费7项内容。

1. 仅退款(未发货)

显示当客户已经付款,卖家还未发货,客户申请退款时的订单列表。作为卖家一定要主动联系客户,安抚好客户并询问退款原因,以便店铺做出进一步改进,在确认客户需要退款的情况下,在此页面同意客户仅退款申请。

2. 仅退款(已发货)

显示当卖家已经发货,客户申请退款时的订单列表。作为卖家一定要主动联系客户,安抚好客户并询问退款的原因。如果客户坚持一定要退款,一定要先与快递公司联系,看是否可以进行拦截,如果可以进行拦截,就要告知快递公司对包裹进行拦截退回。如果快递公司不进行拦截,就要告知客户包裹已经在某某地方,请客户取了包裹后进行退货退款。

3. 退货(已发货)

买家如果要退货退款,应检查买家退回的商品是否完好,若不影响第二次销售,则同意退款。若商品影响二次销售,则需联系买家,进行协商。

4. 维修

显示客户申请维修的订单列表。商家维修好后,再次从这里填写快递单号寄给客户。

5. 换货

显示客户申请换货的订单列表。卖家换货后,通过这里填写寄给客户的快递单号。

6. 补寄

显示客户申请补寄的订单列表。如果商家出现漏发、少发或运输过程中损坏的情况,客户会向卖家申请补寄商品,卖家在这里填写补寄商品的快递单号。

7. 退运费

买家撤消交易后,退回货品产生了运费,卖家需要将运费补给买家。

文档

退款管理的操作方法

 **温馨提示**

在平台进行交易和售后的全过程中,请一定要按照平台的要求进行退款、换货、补寄等操作,不然很可能会出现换的货寄出了,客户的钱也退了,但是客户又没把货退回来,这种钱货两空的情况。

 做一做

利用"退款管理"处理退款订单。

 运营实战

查看无人机店铺中的退款订单,并进行退款处理。

三、评价管理

评价管理是维系好客户关系的一个手段。客户对店铺做出的各类好、中、差评,卖家都应该及时反馈,让客户感觉得到了卖家的重视。在"评价管理"页面查看客户评价,并对客户的评价进行回复。

(1)单击"千牛卖家中心"→"交易"→"订单管理"→"评价管理",进入评价管理界面,如图2-3-4所示。

图 2-3-4　评价管理界面

(2)在评价管理界面,具有4种评价类型的订单,即"来自买家的评价""待卖家评价""待买家评价""给买家的评价"。单击"待卖家评价",可查看到"待卖家评价"订单,如图2-3-5所示。

图 2-3-5　"待卖家评价"界面

(3)单击"评价"按钮,进入"卖家评价"界面,填写评价内容,如图2-3-6所示。

(4)填写完成后,单击"确认提交"按钮即可。

图 2-3-6 "卖家评价"界面

 做一做

客户给店铺做出五星好评，评价内容是"他们家的火锅真的超级好吃，荤素搭配合理，口感、味道非常棒，下次还会回购"。请根据客户的评价，写一段感谢客户好评，并引导客户继续回购的回复内容。

_____

_____

微课

运费模板设置

活动二 物流管理

为了能更好地完成物流管理，又快又好地做好交易的关键一环，团队决定按以下步骤开展物流管理工作，如图2-3-7所示。

图 2-3-7 物流管理流程图

一、包裹打包

宜品电商团队根据客户订单的需求，对订单进行包裹打包。包裹打包属于线下的工作，如果包裹打包不合格，有可能会造成商品的损坏，那么包裹到达客户手里肯定会直接影响店铺的好评率，因此做好打包工作也是非常重要的。

 做一做

客户购买了5盒自热火锅，请同学们根据订单完成包裹打包，完成后填写表2-3-1。

表2-3-1　包裹打包物料需求表

物料名称	物料作用
封箱器	用于产品包装和纸箱封口切割胶带

想一想

如何才能保证包裹在运输过程中不受损。

知识窗

在物流运输中常见的包装有以下几种：

箱子：纸箱、木箱、塑料箱等，广泛用于包装电子产品、服装、食品、化妆品等。

袋子：塑料袋、纸袋、编织袋等，通常用于包装小件物品，如文具、化妆品、饰品等。

瓶子：玻璃瓶、塑料瓶等，主要用于包装液体或半固体的物品，如饮料、药品、化妆品等。

包装膜：泡沫膜、气泡膜、缠绕膜等，可以提供一定的缓冲和保护作用，常用于包装易碎物品，如电子产品、陶瓷制品等。

托盘：木托盘、塑料托盘等，可以将多个物品组合在一起，便于搬运和储存，通常用于运输大批量的物品，如建材、家具等。

纸板盒：一种薄而结实的纸板盒子，通常用于包装书籍、文件、礼品等。

填充材料：如泡沫、纸张、塑料颗粒等，可以在包装中填充空隙，提供缓冲和保护作用，保护包装物不受振动和冲击的影响。

ZHISHICHUANG

运营实战

请根据包裹打包的要求，对无人机店铺中的订单进行包裹打包，以保证无人机能安全无损地送达客户手中。

二、打印运单

宜品电商团队打包好包裹后，就可以在千牛工作台上进行物流单号的打印工作了。

（1）单击"物流管理"→"打单"，进入待打单界面，如图2-3-8所示。

图 2-3-8　千牛工作台订单打印页面

 温馨提示

需要在"打单工具"中开通"电子面单"功能，并下载运行打印组件和设置运费模板。

（2）选择订单后，进入电子面单自定义设置界面，设置电子面单，设置完成后，单击"保存设置"按钮就可以打单了，如图2-3-9所示。

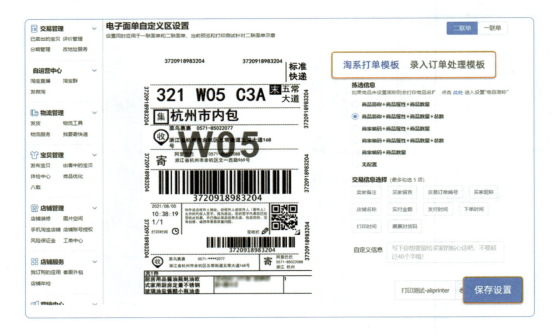

图 2-3-9　电子面单自定义区设置界面

查一查

电子面单究竟是什么？

 做一做

为店铺中的订单打印电子面单，并贴在相应的包裹上。

三、发货

当订单显示买家已付款，在"已卖出宝贝"页面中的宝贝订单处便有"发货"按钮，如图2-3-10所示。

图 2-3-10　有发货按钮的订单

（1）单击"发货"按钮→选择"发货方式"，填写物流单号，并选择物流公司，如图2-3-11所示。

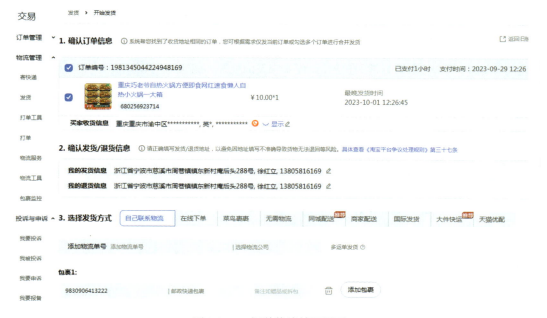

图 2-3-11　订单物流填写界面

（2）单击"确认并发货"按钮，这时订单交易状态显示为"卖家已发货"，如图2-3-12所示。

图 2-3-12　"卖家已发货"交易状态

 温馨提示

单击"物流管理"→"发货"，也可查询到待发货的界面进行发货操作。

 做一做

查看店铺中已付款未发货的订单，进行发货操作。

 运营实战

为无人机店铺中的已付款未发货的订单打印电子面单，并进行发货操作。

四、包裹监控

包裹发出后，作为卖家要及时跟踪包裹的物流状态，查看是否有异常包裹，如果有异常要及时联系物流公司进行处理。

单击"千牛卖家中心"→"交易"→"物流工具"→"包裹监控"菜单，在打开的"包裹异常监控"页面中可以查看有异常的包裹，以便卖家及时处理，如图2-3-13所示。

图 2-3-13　"包裹异常监控"页面

想一想

我们为什么要对包裹进行监控?

活动三　投诉与申诉管理

宜品电商团队运营一段时间后,突然接到客户的投诉。为了更好地处理各种投诉,团队接下来将从"我要投诉""我被投诉""我要申诉""我要报备"四个方面进行深入研究。开展投诉与申诉管理的内容如图2-3-14所示。

图 2-3-14　开展投诉与申诉管理的内容

一、我要投诉

我要投诉主要分为"异常订单""异常投诉""异常评价""异常客服咨询"四个方面的内容。

(1)单击"投诉与申诉"→"我要投诉",进入"我要投诉"界面,如图2-3-15所示。

图 2-3-15　"我要投诉"页面

(2)单击"我要投诉"按钮,进入投诉界面,如图2-3-16所示。

图 2-3-16　投诉界面

（3）选择投诉类型，如图2-3-17所示。

图 2-3-17　　"选择投诉类型"界面

（4）选择好投诉类型后，单击"下一步"按钮，填写投诉信息，这里以"异常订单"为例，如图2-3-18所示。

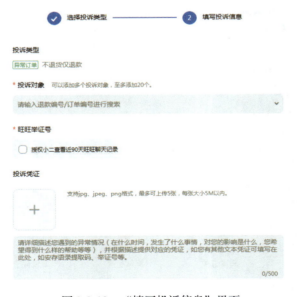

图 2-3-18　　"填写投诉信息"界面

(5)填写完成后,单击"提交"按钮即可。

议一议

在什么情况下,我们需要进行投诉?

做一做

假设在店铺中有"无效收货信息"的订单,请针对该异常订单进行投诉。

知识窗

"我要投诉"中有四种投诉类型,包括异常订单、异常投诉、异常评价和异常客服,具体内容如下:

异常订单:包括无效收货信息、纠纷报复拍下、异常指拍单、双地址拍下、虚假物流退货等与订单有关的内容均可以从该链接发起投诉申请。

异常投诉:主要是针对某些恶意买家为骗取赔偿金,与客服说不需要发货,但超过设置的发货时限后,又向平台申请延时发货赔付。这时候可从该链接向平台发起投诉申请。

异常评价:包括广告评价、要挟售后评价、索要好评返现、纠纷报复评价、同行恶意差评等与评价有关的内容均从该链接发起投诉申请。

异常客服:包括同行攻击、辱骂攻击等客服行为均从该链接发起投诉申请。

ZHISHICHUANG

二、我被投诉

当商家接到投诉后,商家可以通过"我被投诉"页面查看和管理投诉情况,包括违约投诉管理和物流投诉管理,如图2-3-19所示。

图 2-3-19 "我被投诉"页面

若被投诉,则需要针对投诉与客户进行协商处理,否则如果卖家未履行承诺,被投诉成功,可能会被罚款并扣分。比如,卖家承诺了48小时发货,却没有做到,是需要向买家支付订单金额的10%作为违约金的,而且还会被扣4分。

因此,作为卖家一定要遵守约定,按时发货,诚信经营。

 议一议

作为商家被投诉后,该怎么办?

三、我要申诉

当商家被平台处罚、判定与客户纠纷、被要求赔付、被客户投诉后,商家可以从"我要申诉"页面发起申诉申请,在发起申诉时请保留各类证据,如聊天记录截图等。

单击"投诉与申诉"→"我要申诉",即可进入"我要申诉"页面,如图2-3-20所示。

图 2-3-20　"我要申诉"页面

 议一议

作为商家,被平台判罚后,申诉时需要什么样的证据才能免罚?

四、我要报备

针对不可抗力等突发场景,平台会基于多渠道信息,出台免责公告。商家可根据平台免责公告区域进行报备。

如发货场景,若平台识别商家发货地或买家收货地在免责区域内,且订单付款时间/应发货时间在免责周期内,平台将自动延长对应订单的最晚发货时间(其间消费者发货类投诉免责)。

扫描二维码,可查看"我要报备"的操作。

文档

我要报备的
操作方法

 温馨提示

（1）平台会根据商家近90天订单的实际发货地址，作为判断依据；多地发货的商家，平台将根据商品的实际发货地址作为判断依据。

（2）若报备时订单已超出发货期，报备结果不生效，若产生消费者投诉，将按原有订单发货时间判责，请务必注意在承诺发货时间内及时报备。

 做一做

宜品电商团队所在区域遭遇灾害，快递停发，请进入千牛工作台完成"我要报备"的操作。

 运营实战

假设无人机店铺因发货地举行重大活动，3天后才能发货，请进行"我无法发货"的报备。

【1+X实战演练】

第一部分　理论测试题

一、单选题

1. 在视觉传达设计的各种元素中，最直观、最容易影响消费者心理的设计元素是（　　），视觉营销理论认为，它会直接影响消费者的心理，进而影响他们的购买行为。

　　A. 关键词　　　　　B. 模特　　　　　C. 色彩　　　　　D. 字体

2. 在淘宝旺铺页面装修容器中，官方模块有5种类型，一共有（　　）种。

　　A. 28　　　　　　B. 27　　　　　　C. 30　　　　　　D. 32

3. 商品越接近下架时间，商品排名越靠前，如果某买家在11:05搜索"洁面刷"，则（　　）下架的商品会排在第一页第一名。

　　A. 11:04　　　　　B. 11:05　　　　　C. 11:06　　　　　D. 11:03

4. 类目优化注意"两个匹配"，一是尽量让商品与类目相匹配；二是（　　）。

　　A. 尽量让宝贝标题关键词和所在类目相匹配

　　B. 尽量让宝贝标题属性词和所在类目相匹配

　　C. 尽量让宝贝标题核心关键词和所在类目相匹配

　　D. 尽量让宝贝标题关键词和商品属性相匹配

5. 淘宝七天无理由退换货规则，以（　　）起计算时间，满168小时为7天。

　　A. 确认收货时间　　　　　　　　　B. 申请退换货时间

　　C. 具体签收时间　　　　　　　　　D. 签收日后的第二天零时

6. 菜鸟联盟是提升电商物流服务体验的组织，由阿里巴巴三大战略业务板块之一的菜鸟网络牵头，联合国内外主要物流合作伙伴组建，菜鸟是第（ ）方物流。

A. 四　　　　　　　B. 三　　　　　　C. 一　　　　　　D. 二

二、多选题

1. 店铺的风格定位，主要从（ ）进行设计。

A. 首页　　　　　　B. 字体　　　　　　C. 色彩　　　　　　D. 店铺专属VI

2. 以下关于移动端店铺首页描述正确的是（ ）。

A. 移动端店铺文案以简洁为主

B. 移动端的屏幕通常较小，一般都是从上向下浏览

C. 移动端首页第一屏一般展示爆款信息

D. 移动端店铺优惠券的发送方式、营销角度、视觉角度等方面在设计上都会与PC端店铺有所不同

3. 商品标题由关键词组成，关键词主要包括（ ）。

A. 类目词　　　　　B. 长尾词　　　　　C. 核心词　　　　　D. 属性词

4. 关于网店中商品发布的过程，不同平台略有差异，其核心内容包括（ ）。

A. 商品标题撰写　　　　　　　　B. 商品图片优化

C. 商品属性填写　　　　　　　　D. 商品卖点提炼

5. 亚马逊FBA是亚马逊提供的物流配送业务，在亚马逊商品退换货规则中，下列哪些情况不予办理退货？（ ）

A. 已使用过的影响销售的商品

B. 商品及包装保持出售时原状且配件齐全

C. 不是由亚马逊出售或配送的商品

D. 非正常使用及保管导致出现质量问题的商品

6. 日常订单的分类管理通常采用ERP信息系统，目前的ERP信息系统可以分为（ ）。

A. 第三方平台提供服务　　　　　B. E3系统

C. E店宝　　　　　　　　　　　D. 自行研发

三、判断题

1. 做店铺首页规划时，可以对同类店铺进行分析，需要分析颜色搭配、文字排版、主推商品、优惠活动、视频等内容。　　　　　　　　　　　　　　　　　　　　　（ ）

2. 京东的特快送是为客户提供同城最快半小时达、跨城当日达的极速快递服务。

（ ）

第二部分　实训练习

1. 今年有一种新型防晒口罩，宜品电商团队觉得这个商品会在今年热卖，也想得到今年的流量红利，于是决定将这个商品在自己的店铺中销售。请在1688平台中挑选代销商品，上传到自己的店铺中销售。

【操作提示】

一件代发商品时，需要对商品进行定位，确定自己的目标人群后再有针对性地挑选商品，

其操作步骤如下。

（1）找目标货源；

（2）上架商品。

2. 火锅底料的运费模板设置，运费模板名称为"火锅底料运费模板"，重庆市沙坪坝区发货，火锅底料设置除新疆、西藏、内蒙古、青海、海南、宁夏以外的地区免邮，而这些偏远地区则采用计件的方式收取运费，设置的运费模板是自定义运费，按件数计价，默认运费1件以内6元，每增加1件，运费增加4元，采用3天内发货的快递运送方式。

3. 经过前期的运营，店铺内陆续开始有大量的订单产生，对于由于商品、物流问题引发的退换货订单，宜品电商团队积极与买家协调进行相应的退换货处理。

【操作提示】

（1）发货地址：重庆市沙坪坝区小龙坎街136号。

（2）退货地址：重庆市沙坪坝区小龙坎街136号。

（3）退货单号：463041109389566（韵达快递）。

◆ 项目评价

班级			姓名		
练习日期			评价得分		
完成效果评价		□优　　□良　　□中　　□差			
序号	评分项	得分条件	分值/分	评分要求	得分/分
1	规划店铺首页	①能分析同类店铺的特点； ②能分析主营产品的运营特点； ③能准确把握消费者心理； ④明确店铺首页的装修风格、结构、具体模块内容	16	①任务完成且完成效果好，每项4分； ②未完成任务或任务完成错误，该项不得分； ③任务未全部完成，根据情况得部分分	
2	装修店铺首页	①知道店铺首页可用模块内容； ②能根据首页结构添加模块； ③能使用素材文字编辑首页内容； ④能修改首页的布局	16	①任务完成且完成效果好，每项4分； ②未完成任务或任务完成错误，该项不得分； ③任务未全部完成，根据情况得部分分	
3	发布自家宝贝	①能规划素材空间并上传素材； ②能准确描述商品的详情信息； ③能制订物流模板； ④能成功发布商品； ⑤能选择最优时间上架商品	20	①任务完成且完成效果好，每项4分； ②未完成任务或任务完成错误，该项不得分； ③任务未全部完成，根据情况得部分分	

续表

序号	评分项	得分条件	分值/分	评分要求	得分/分
4	上架一件代发货源	①能找到淘货源路径； ②能在网店中找到合适货源； ③能将货源添加到店铺中； ④能装修商品详情页	16	①任务完成且完成效果好，每项4分； ②未完成任务或任务完成错误，该项不得分； ③任务未全部完成，根据情况得部分分	
5	订单管理	①能准确找到订单管理路径； ②能查看已卖出订单信息； ③能查看并处理退款订单； ④能查看评价订单	12	①任务完成且完成效果好，每项3分； ②未完成任务或任务完成错误，该项不得分； ③任务未全部完成，根据情况得部分分	
6	物流管理	①能根据订单正确选用打包材料； ②能安全打包商品； ③能准确打印面单并张贴到包裹上； ④能跟踪订单信息	12	①任务完成且完成效果好，每项3分； ②未完成任务或任务完成错误，该项不得分； ③任务未全部完成，根据情况得部分分	
7	投诉与申诉管理	①能找到"我要投诉"的位置； ②能较好地处理"我被投诉"的信息； ③能根据情况准确描述"我要申诉"的内容； ④能完成"我要报备"的内容	8	①任务完成且完成效果好，每项2分； ②未完成任务或任务完成错误，该项不得分； ③任务未全部完成，根据情况得部分分	
	总分		100		
备注		优：85~100分；良：61~84分；中：35~60分；差：0~35分			

运营案例赏析

黑龙江省黑河市盛产灵芝，灵芝也是当地的扶贫龙头产品。2020年因为特殊事件的影响，灵芝的销售受阻，当地政府引入电商专业人才指导农户开网店，让专业人士拍摄图片、制作视频，当地农户在短时间内就在各电商平台中开设了多个网店销售灵芝。电子商务在关键时刻为农民解忧，帮助农产品跨越千山万水，让优质农产品搭上数字快车。

YUNYINGANLISHANGXI

项目三
新品推广

【 项目概述 】

对于一个淘宝新店，店铺信誉、商品销量、商品评价等数据一开始都相对较低，淘宝平台会给予店铺流量扶持，如增加淘宝橱窗推荐展示机会，使宝贝的排名相对靠前；可以免费使用智能版旺铺工具；发布的商品更容易打上"新品"标签。宜品电商团队决定抓住平台给新店铺流量扶持的机会，精准分析竞品数据，深入剖析自销品特点；优化主图、详情页、标题关键词等信息，增加宝贝的展示机会；深入分析流量数据，开展精准推广，持续提升DSR评分，提高宝贝的销量、客单价，提高店铺的流量。在本项目中，宜品电商团队将通过四个任务完成新品宝贝的推广，也为打造爆款做好前期铺垫工作。

【 项目目标 】

知识目标

+ 明确竞品数据分析的流程及操作步骤；

+ 掌握采集数据的操作方法；

+ 牢记SEO优化的方法及操作步骤；

+ 了解人群推广的方法。

技能目标

+ 能进行竞品及市场数据分析；

+ 能制订推广方案；

+ 能开展SEO优化；

+ 能开展精准人群推广。

思政目标

+ 培养数据安全意识；

+ 培养电商规则意识；

+ 培养客户服务意识。

[任务一]

推广策划

◆ 任务描述

宜品电商团队了解到市场上自热火锅类商品的品牌众多，有的品牌的市场占有率还非常大。为了制订切实有效的推广策划案，宜品电商团队决定深入分析自热火锅竞品的品类信息、销售数量、流量来源、宝贝信息等数据，分析市场的销售情况；找出自销品的优势及市场前景，制订出店铺的推广策划方案。

◆ 任务实施

活动一　分析竞品数据

为了能更深入地分析竞品数据，充分了解自销品的价值及优势，面对电商平台中海量的产品及多维数据，团队决定使用Excel表格采集竞品数据。开展竞品数据分析的操作步骤如图3-1-1所示。

图 3-1-1　分析竞品数据的流程图

一、确定分析目的

竞品分析的目的是了解行业的销售情况、竞品的功能、竞品的销售数据、竞品的运营方法、竞品的视觉设计、竞品的人群定位等内容，为自己产品的运营策略做支撑。

本次竞品分析的目的有四个。一是了解竞品的市场保有量，总体销量的趋势是上升还是下降。二是了解市场上具体有哪些竞品，并找出部分竞品。三是找出自销品和竞品的区别，找到自销品的优势。四是确定自销品的受众人群，为营销策略做总体规划。

文档

竞品分析的作用

知识窗

竞品是指竞争对手的产品，电子商务中的竞品是电商平台中品类相同、功能相近、价格区间类似的一系列产品。竞品包含直接竞品、间接竞品、转移性竞品和参照品。

直接竞品是指产品形式和目标用户群相同、品牌不同的产品。

间接竞品是指产品形式不同、目标用户群类似的产品。

转移性竞品是指产品形式、品类不同，目标用户群类似，能满足用户相同需求的产品。

参照品是指和产品没有竞争关系，但值得借鉴学习的产品。

ZHISHICHUANG

二、确定分析维度

在采集竞品数据之前,需要根据直接竞品、间接竞品、转移性竞品和参照品确定数据分析的维度,以便确定需要采集的竞品数据维度。

(1)在浏览器中打开淘宝网,在首页的搜索栏中输入产品关键词"自热火锅"。

(2)在搜索页中,选择销售数量多、排名靠前、价格区间相近的产品,这里选择搜索页第一页中的竞品,打开商品详情页,如图3-1-2所示。分析商品详情页中包含哪些数据?其中哪些数据有利用竞品数据分析?请将这些数据信息的维度填写在表3-1-1中。

图 3-1-2　某品牌自热火锅详情页

表3-1-1　自热火锅竞品数据分析维度表

序号	类别	维度
1	产品信息	品牌、标题、价格、口味、产地、保质期、重量、包装、SKU、销量等
2	视觉设计	
3	推广活动	
4	店铺数据	
5	评价数据	
6	受众人群	

(3)针对以上数据维度,根据产品的实际情况,选择你需要采集的数据维度,填写到表3-1-2的第一行中,形成竞品数据采集模板。

表3-1-2　竞品数据采集模板

数据维度	品牌						

运营实战

制订无人机产品的数据分析维度。打开电商网站，选择几个竞品，查看商品详情页，找出该商品的数据，将数据分析维度填写在下面的横线上。同时参照表3-1-2制作"无人机竞品数据采集表"。

文档

竞品数据采集模板

三、采集竞品数据

接下来，宜品电商团队就根据确定的数据分析维度采集竞品数据。经过讨论，团队决定在淘宝网、京东商城2个平台选择竞品。在选择竞品时，主要选择销量多、店铺等级高、市场份额大的直接竞品"自热火锅"，同时选择部分间接竞品"自热米饭"，还选择个别"火锅底料"，以此形成竞品数据。在采集竞品的数量上，团队决定选择20~30个竞品的数据。

（1）在浏览器中打开淘宝网，在首页的搜索栏中输入产品关键词"自热火锅"，在搜索页面中选择排名靠前、销量大的产品，这里以采集其中一个竞品数据为例，介绍在淘宝平台中采集竞品数据的方法。

（2）进入该产品详情页，按数据采集的维度，将竞品的相关数据复制或填写到表3-1-3中，部分内容如图3-1-3所示。

微课

采集竞品数据

表3-1-3　竞品数据采集表

序号	品牌	商品名称（标题）	商品链接	店铺名称	店铺类别	净含量/g	包装	SKU数量	标价/元	促销价/元
1	海底捞	海底捞自煮火锅自热番茄牛腩嫩牛麻辣方便小火锅学生宿舍懒人速食	商品网址	浓趣食品专营店	天猫店	400	盒装	32	36.88	33.2

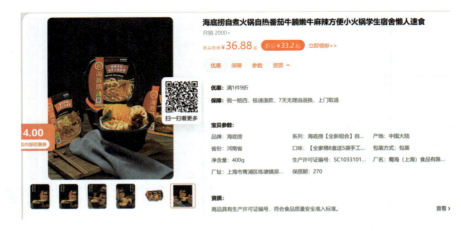

图3-1-3　产品详情页

（3）继续按此方法选择其他竞品，将竞品数据采集到"竞品数据采集表"中。

想一想

在采集竞品数据时，选择竞品数量的多少对数据分析有何影响？

运营实战

请按确定的无人机数据采集维度，在淘宝平台、京东平台、1688平台中采集竞品数据，将竞品数据填写到"无人机竞品数据采集表"中，采集15~20个竞品的数据信息。

四、分析竞品数据

针对采集到的竞品数据，团队决定使用表格分析法来分析竞品数据。即使用表格来对数据进行分析汇总，统计各竞品的情况。

（1）绘制一个N行N列的表格（行列数根据竞品分析的维度确定），首列填入数据分析维度，首行填入竞品品牌名称。

（2）统计淘宝平台的竞品数据，将淘宝平台中的竞品数据统计到表格中，见表3-1-4。

文档

采集京东商城中的竞品数据

表3-1-4　竞品数据统计表

内容	海底捞	自嗨锅	莫小仙	巧老爷	渝心	百草味
主图截图						
主图数量	5	5	5	3	5	5
主图质量	细节清楚，高品质	细节清楚，有促销	细节清楚	细节清楚	细节清楚	细节清楚
短视频数量	1	1	1	1	1	1
标题含品牌词	√	√	√	√	√	√
标题含促销词		√				
净含量/g	435	435	240	280	230	340
SKU数量	20	13	12	12	6	6
价格范围/元	29~33	25~33	10.09~15.8	6.2~7.8	4.8~7.5	10.2~17.5
推广	√	√	√		√	
最高销量	40 000+	6 000+	10 000+	100+	800+	900+

微课

分析竞品数据

 想一想

表3-1-4中的第一列列出的数据维度在分析竞品数据时有何作用？是否可加入其他

数据维度，说说你的想法。

（3）统计京东平台的竞品数据。

 做一做

请对京东平台的商品数据进行汇总，将数据填写在表3-1-5中。

表3-1-5　京东平台数据统计表

内容	海底捞	自嗨锅	莫小仙	巧老爷	渝心	百草味	小龙坎
主图截图							
主图数量							
主图质量							
短视频数量							
标题含品牌词							
标题含促销词							
净含量/g							
包装							
SKU数量							
价格范围/元							
推广							
最高销量							

（4）分析结论。

从竞品的销售数量上看，市场占有量较大的商品，在市场上自然有更多的受众人群。从竞品的主图质量、主图数量、短视频数量上看，销量好的商品的主图能第一时间吸引买家的眼球，充分挖掘出买家的痛点，同时主图及视频的质量较高。从竞品的标题上看，标题关键词准确，长尾词多个，部分带促销词，在买家使用关键词搜索时能出现在搜索页面中，同时部分产品在参加推广活动，如打折、满减等，一定的优惠活动能促使买家快速下单。最后，多数商家都有多个SKU，将多盒产品组合在一起销售，降低单盒价格的同时提高了客单价。

 运营实战

对采集的无人机竞品数据进行汇总统计，根据汇总的数据，从竞品的视觉设计、标题、推广活动等方面进行分析，将分析结论写在表3-1-6中。

表3-1-6　无人机竞品分析结论

序号	分析维度	分析结果
1	视觉设计	
2	商品标题	
3	商品详情	
4	推广活动	
5	受众人群	

运营总监点拨

　　得数据者得天下。数据分析的准确性对电商运营策略具有至关重要的作用。在信息技术日新月异的今天，店铺在运营过程中，需要借助信息化手段来快速、精准采集数据，同时还需要借助数据可视化工具对数据进行可视化分析，从图表中快速找出变化的趋势，更精准地制订商品的运营策略。

　　另外，需要合法地使用商品数据，采集到的数据只能用于自己店铺及商品的运营，未经允许，不能随意传播数据，必须遵守职业道德。

YUNYINGZONGJIANDIANBO

活动二　分析店铺销售数据

　　宜品电商团队对竞品进行了数据分析，接下来将分析店铺的销售数据，包含店铺的流量数据、商品的销售数据、人群数据等，以此找出自身店铺在运营过程中的优劣势，开展店铺销售数据分析的操作步骤如图3-1-4所示。

图 3-1-4　销售数据分析的流程图

一、分析店铺销售数据

1. 采集店铺销售数据

进入店铺后台首页，将店铺销售数据填写在表格中，得到的结果见表3-1-7。

表3-1-7　店铺销售数据统计表

日期	支付金额/元	访客数	支付转化率/%	浏览量	加购人数	客单价/元	支付买家数	成功退款金额/元
5月18日	212.7	148	1.35	491	4	106.35	2	
5月19日	978	314	2.23	900	6	139.71	7	
5月20日	635.9	357	5.04	1 223	13	35.33	18	

续表

日期	支付金额/元	访客数	支付转化率/%	浏览量	加购人数	客单价/元	支付买家数	成功退款金额/元
5月21日	994.9	529	4.54	1 421	11	41.45	24	
5月22日	2 052.5	543	6.45	1 693	24	58.64	35	
5月23日	3 419.8	2 890	0.80	4 152	24	148.69	23	
5月24日	1 962.4	499	4.81	1 815	26	81.77	24	

2. 分析店铺销售数据

可借助数据可视化工具对数据进行分析。下面对表3-1-7中的数据使用Excel进行可视化分析。

（1）打开"店铺销售数据统计表"，选择日期至支付买家数所占的单元格区域，然后单击"插入"→"图表"→"折线图"，如图3-1-5所示。

图 3-1-5　店铺销售数据可视化图表

（2）分析店铺销售数据。观察图3-1-5，从店铺的浏览量上看，从5月18—23日，店铺的浏览量一直稳步上升，但在5月24日出现了下跌。从支付金额上看，5月18—19日，支付金额上升，5月20日出现了下跌，相对而言，下跌趋势不大，从5月20日开始持续上升，5月24日又出现了下跌。从客单价上看，5月18日、5月19日、5月23日客单价较高。总体而言，5月24日的各种数据都出现了下跌，这就需要去查找并分析出现数据下降的原因，及时采取相应措施。

想一想

在分析数据时，应该重点关注哪些数据？

二、分析生意参谋中的其他数据

进入店铺管理后台，在页面中选择"数据"选项卡，进入生意参谋页面，在此页面中，可查看客户、流量、品类、交易等数据。下面将从交易、流量、客户三个方面进行数据分析。

1. 交易数据分析

交易数据分析包含交易概况分析、交易构成分析、交易明细分析,下面是具体的操作方法。

（1）交易概况分析。在生意参谋首页中,单击"交易"进入"交易分析"页面,查看近7天及近30天的销售情况,图3-1-6所示为近30天的销售数据概况。

图 3-1-6　交易概况图

从交易概况图可以看出,近30天店铺的访客数、下单买家数、下单金额、支付买家数、支付金额、客单价都上升了,说明这个月以来,店铺在向好的方向发展。同时访客数增加是其他数据上升的前提,访客增加,才有机会提高下单的笔数,从而提高支付转化率。

想一想

还可以通过哪些措施继续提高店铺的访客数,即提高店铺的流量呢？

（2）交易构成分析。分析交易构成图,如图3-1-7所示,分别查看PC端及无线端交易的情

图 3-1-7　交易终端构成统计图

况，分析交易数据。从图上的数据可以看出，无线端的支付金额占比为99.28%，无线端的支付买家数是PC端的182.5倍，无线端的支付转化率也比PC端高。因此，我们应该重点开展无线端的店铺运营。

（3）交易明细分析。在交易明细中，可以看出各交易订单支付时间、支付金额、确认收货金额、商品成本、运费成本等内容，如图3-1-8所示。

图 3-1-8　订单交易明细图

（4）分析交易数据后的结论。从交易概况、交易构成、交易明细的分析可以得出以下结论：

- 店铺的流量是店铺销售额的基础，流量增加了，销售额才可能增加；
- 无线端的销售数据远远大于PC端的销售数据；
- 应以受众人群的集中购买时段来确定推广时段。

运营实战

进入无人机店铺，查看店铺的交易数据。从订单的转化率、交易构成、交易明细分析店铺的销售情况。将分析结论写在表3-1-8中。

表3-1-8　无人机交易数据分析

序号	分析维度	分析结论
1	交易转化情况	本店铺中近一个月的支付买家数持续上升，支付金额也在增加，访客数也在增加，需要持续增加店铺的访客数，进一步增加店铺支付金额
2	交易构成情况	
3	交易明细情况	

2. 流量数据分析

（1）进入店铺的生意参谋，单击"流量"→"流量看板"，可以查看到当天、近7天、近30天或者某时间段的流量数据，如图3-1-9所示。

做一做

请分析图3-1-9中的流量数据，针对图中的数据，你认为店铺中各数据间有什么关系，请将你的分析结果填写在表3-1-9中。

图 3-1-9　生意参谋流量看板页面数据

表3-1-9　**流量数据分析表**

序号	分析维度	值的关系	分析结论
1	访客数与浏览量的关系	浏览量远远大于访客数	当浏览量远远大于访客数时，可能存在的情况是：①访客浏览了店铺的多个商品。②访客对某些商品较关注，反复浏览了商品信息。结论：店铺的商品对买家具有吸引力
		浏览量和访客数差距不大	
2	跳失率与平均停留时长的关系	平均停留时间较长	
		平均停留时间较短	
3	老访客数与浏览量的关系	老访客数较多	
		老访客数较少	
4	新访客数与浏览量的关系	新访客数较多	
		新访客数较少	

（2）流量来源分析。在生意参谋中选择"流量"，在来源分析处选择"来源分析"中的"店铺来源"，查看流量构成、同行流量来源等数据。

（3）流量去向分析。在生意参谋中选择"流量"，在"去向分析"处选择"流量去向"，选择日期，查看该店首页、商品详情页、搜索结果页、店铺自定义页、商品分类页、店铺其他页的访客数及占比数据，见表3-1-10，并分析原因。

表3-1-10　**流量去向——离开页面排行表**

页面	店铺首页	商品详情页	搜索结果页	店铺自定义页	商品分类页	店铺其他页
访客数	0	46	4	3	12	5
占比/%	0	65.72	5.71	4.29	17.14	7.14

做一做

分析离开页面时的流量数据，以访客离开时跳转到的页面作为分析维度，将你的分析结论填写到表3-1-11中。

表3-1-11　流量去向分析

序号	跳转页面	流量去向分析
1	商品详情页	跳转到此页的访客有46人，占比65.72%。从跳转到商品详情页的访客数及占比可知，买家对店铺中的商品有兴趣，查看了商品的详情，说明详情页的引流效果较好
2	搜索结果页	
3	店铺自定义页	
4	商品分类页	
5	店铺其他页	

 运营实战

进入无人机店铺，打开生意参谋，查看店铺的流量数据。查看流量面板中的数据并分析流量情况。将分析结论写在表3-1-12中。

表3-1-12　无人机流量数据分析

序号	分析维度	分析结论
1	访客数与浏览量的关系	
2	跳失率与平均停留时长的关系	
3	老访客数与浏览量的关系	
4	新访客数与浏览量的关系	

 运营实战

文档

客户数据分析

学习二维码中分析客户数据的方法，进入店铺后台，查看店铺的访客数据，分析访客数据后，将分析结论写在表3-1-13中。

表3-1-13　店铺访客数据分析

序号	分析维度	分析结论
1	访客时段分布	
2	访客地域分布	
3	访客特征分析	

生意参谋中的数据多,关系复杂。作为一个网店运营人员,既要实时查看店铺的重点数据,更要从各个数据中捕捉到数据的变化,及时发现数据的异常变化才能及时调整运营策略。

作为一名合格的网店运营人员,既要能够利用数据分析工具和方法,挖掘和分析销售情况、客户行为等数据,发现潜在的商机和优化方案,还要能够制订创新的推广方案,能在激烈竞争的市场中快速反应和调整运营策略及推广方案。

三、开展SOWT分析

分析商品数据的方法有很多,需要根据不同的分析目的选择不同的分析方法,这里使用SWOT分析法开展商品分析。针对自热火锅行业,结合本店铺所处的阶段、商品的实际情况,做SWOT分析,将分析结果填写在表3-1-14中。

表3-1-14　SWOT分析结果

序号	维度	分析结果
1	S(优势)	
2	W(劣势)	
3	O(机遇)	
4	T(威胁)	

知识窗

SWOT分析是基于内外部竞争环境和竞争条件下的态势分析,是将与研究对象密切相关的各种主要内部优势、劣势和外部机会和威胁进行综合分析的一种分析方法。

S(优势):市场领先地位、品牌知名度、管理模式、技术、仓储能力等。对优势进行分析可进一步发扬市场领域的机遇。

W(劣势):过度依赖某种业务、管理不当、缺少竞争力,对劣势进行分析可以帮助企业找到突破口和改进方向。

O(机遇):市场趋势、新的合作机会等。对机会的分析可以帮助企业抓住市场机遇和发展趋势。

T(威胁):新的竞争对手、变化的市场和社会环境等,对威胁进行分析,帮助企业制订应对策略。

活动三　制订推广方案

通过前面的竞品分析及店铺数据分析后发现,销售的商品既有市场前景,也有一定的机遇,接下来将制订推广方案,操作步骤如图3-1-10所示。

图 3-1-10　制订推广方案操作流程图

一、确定推广目标

团队经过研究后决定：通过10~20天的新品推广，使店铺的销售量增长一倍、访客数增长一倍以上，转化率、支付率都有所增长。

二、制订推广策略

开展免费推广，增加店铺流量。在免费推广过程中，团队决定优化商品详情页，具体包含标题优化、主图优化、短视频优化。

三、确定精准人群推广计划

在推广人群的选择上，根据店铺的数据分析结果，决定主要在18~32岁年龄段人群中做推广，在地域上选择华东、华南等购买人群多的区域做推广，时段分布上分别选择上午、下午和晚上的时段。

四、形成推广方案

根据前面的计划，本团队的推广方案如下：

自热火锅新品推广方案

推广目标：10天内自然流量增长一倍，访客数增长一倍以上。

推广策略：优化标题、优化主图、优化短视频。

推广人群：主动面向单次购物金额在100元以内的人群做精准推广。

 运营实战

根据无人机的销售情况，请制订产品的推广方案。

[任务二]　　　　　　　　　　　　　　　　　　　No.2

SEO优化

◆　**任务描述**

宜品电商团队制订出了自热火锅策划案，明确要先通过SEO优化的方式来提高自热火锅产品的流量、销量及转化率，决定对商品详情页进行标题优化、主图优化、短视频优化，以此增加店铺宝贝的展示机会，从而达到增加流量、提高商品销量的目标。

◆ 任务实施

活动一　标题优化

为了增加店铺流量,提高商品销量,需要提升自热火锅的搜索排名(增加曝光量),从而提高自热火锅的流量、销量及转化率。宜品电商团队决定从商品标题入手,通过标题分解、标题关键词检测来替换低流量关键词。具体优化步骤如图3-2-1所示。

图 3-2-1　标题优化的流程图

一、标题分解

产品标题由多个关键词组合而成,每一个关键词都是流量的来源,因此关键词和组合方式都是非常重要的。

标题一般由核心词+修饰词+品牌词+长尾词等关键词组合而成,要想通过标题提升流量,就要精确拆解标题中的词组,并逐一优化。

核心词:产品原有的基础名称,该类关键词流量大,一定要找准。如产品是伞裙、长裙、碎花裙,那么核心词就都是裙子。

品牌词:产品对应的品牌。如自热火锅有自嗨锅、海底捞等品牌。

修饰词:加入一些属性来修饰商品的词。如裙子的修饰词可以有修身、显瘦等,自热火锅的修饰词有麻辣、量大等。

长尾词:长尾词是核心词、修饰词、品牌词的叠加。普遍长尾词的流量不高,但竞争的人少,故可以通过长尾词找到精准流量的突破口。如商品是裙子,长尾词可以是法式修身显瘦温柔裙子。

 做一做

为了更好地了解标题的各个关键词,试着拆分表3-2-1中的标题,准确找出各个关键词的词性类别,并填写到表中。

文档

标题拆分练习

表3-2-1　商品标题拆分

商品标题	词性类别	关键词拆分
海某捞自热火锅旗舰店正品自煮小火锅豪华懒人速食	核心词	
	品牌词	
	修饰词	
	长尾词	

知识窗

　　长尾词通常由3~4个词组合而成。一般而言,长尾词指向的搜索内容更为具体。虽然卖家可能不会从长尾词上斩获大量流量,但是所获得的流量一定是非常精准的。在搜索时,长尾词的精准度最高,转化率最好。但使用长尾词进行搜索的消费者不多,受众范围较小。

　　长尾词的优点:

- 长尾词的竞争对象少,更容易提高点击率。
- 买家搜索到后,购买意向强,转化率更高。

ZHISHICHUANG

二、标题关键词检测

　　检测出标题关键词的流量情况,就能够更加精准地进行关键词优化,保留高流量词,替换低流量词。如何检测标题中各关键词的流量高低呢? 我们需要借助生意参谋数据平台来进行有效检测。

　　(1)打开千牛工作台,找到生意参谋中品类下的"商品360"板块。

　　(2)在"商品360"搜索框中,输入想要检测的商品标题,就能看到菜单栏中有标题优化的选项,如图3-2-2所示。

图 3-2-2　　"商品 360"搜索页

　　(3)在标题优化选项中能看到标题分析,产品标题被分成多个不同颜色的关键词,其中绿色的关键词代表流量低,红色的关键词代表流量高,如图3-2-3所示。此时我们就需要寻找高流量词将绿色的词替换掉。

三、标题关键词替换

　　通过前期的标题检测,发现标题中有流量低的词,需要用高流量词替换,但通常不能替换太多词组,一般在2个词组左右,替换的词组太多会影响标题权重,且不利于数据监测。

　　如何寻找对应的高流量关键词呢? 也需要借助生意参谋平台。打开生意参谋中的市场模块,选择搜索排行,时间可以选择7天或30天,就可以看到界面中有长尾词、核心词、品牌词、修饰词等,找到需要替换的词汇的类别,根据排名和产品相关性进行替换即可,如图3-2-4所示。也可以通过搜索引擎来查找关键词。

　　替换关键词时,要准确区分低流量词是属于哪类词(核心词/修饰词/品牌词/长尾词),如要替换的词是修饰词,选择高热度的修饰词进行替换即可。

图 3-2-3　标题关键词分析页

图 3-2-4　生意参谋搜索高流量词页面

四、确定新标题

重新组合标题后，需要再仔细检查标题中是否有违禁词、侵权词等，平台对使用违禁词、侵权词的产品会进行扣分、降低产品权重、罚款、下架等处罚，确定无违规后再更新标题，进行新一轮的流量检测。

请查看表3-2-2，逐一核对标题的信息，确保修改的新标题无误后，再单击"提交"，养成良好的运营自查习惯，提高自身运营素养。

表3-2-2　标题优化自测表

序号	注意事项
1	避免侵权：慎用品牌词等

续表

序号	注意事项
2	切忌使用违禁词：如使用永久、100%不反弹、第一、最好、秒杀全网……
3	注意标题顺序：核心词+品牌词+修饰词+长尾词（标题词组顺序可根据实际情况进行变动，没有固定顺序）
4	检测标题词汇与产品是否相符

总结：挖掘商品标题关键词的操作流程为测试→挖掘→替换→重组。优化前需要反复测试各个关键词得分，保留高流量词，替换低流量词。挖掘替换词时，要利用好各大数据平台，寻找高流量词。同时为保证更好的检测数据和不影响标题权重，每次替换关键词在2个词组左右。确定好新标题，要再仔细检查标题的合理性，无误后方可上架，后续仍要继续检测新标题的数据指标，不断做调整。

 运营实战

请采用同样的方法优化无人机的标题。请先将表格中的标题按照词汇分类，再利用生意参谋平台筛选2个词进行优化，将替换的新词填写在表3-2-3中。

表3-2-3 无人机标题优化表

标题	词汇类别	分类	优化
大疆 DJI Mini 2 SE入门迷你航拍机飞行相机高清智能专业航拍长续航遥控飞机大疆无人机	核心词		
	品牌词		
	修饰词		
	长尾词		

运营总监点拨

标题一般由核心词+品牌词+修饰词+长尾词组合而成，市面中有多种标题的组合方式，但几乎都是由以上的基本组合演变得来，对于新手而言，将此种组合方式运用熟练即可。将基本的标题组合运用得更熟练后，方可根据产品情况和经验进行调整。

标题优化是持续反复的过程，需要定时定期进行查看和优化，弄清标题的流量动态，如"七夕""618"等具有时效性的热词，过了节气，就需要及时更新替换。

另外，需要合法合规地使用商品关键词，不侵权、不违规，养成良好的运营习惯，遵守职业道德。

YUNYINGZONGJIANDIANBO

活动二 主图优化

主图能够直接影响产品点击率，进而影响转化率及销量。宜品电商团队查阅了产品主图，发现主图还有可以优化的地方，接下来将从挖掘产品卖点、主图版面设计等方面，全面优化主图,优化主图的操作步骤如图3-2-5所示。

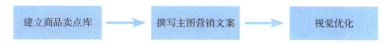

图 3-2-5　主图优化操作的流程图

一、建立商品卖点库

建立商品卖点库的方式方法多种多样,为了更系统地挖掘卖点,目前常用的方法是利用数据平台进行辅助、利用思维方法进行分析。

1. 利用数据平台挖掘产品卖点

(1)广泛收集产品评价数据,找出高频卖点词

数据收集可以通过官方渠道(用户评价、客服等)、新媒体平台(抖音、小红书等)、竞争对手阵地、问卷调查等方式进行,并将评价整理成文档,为后续挖掘卖点做充分的准备,请在以上平台中收集自热火锅的卖点,将其填写在表3-2-4中。

表3-2-4　自热火锅卖点收集表

渠道	内容
淘宝平台、新媒体平台等	

再将收集到的产品信息导入微词云数据平台进行卖点提炼,微词云会自动抓取高频次的词,生成可视化图表,帮助我们更快地找出高频卖点,如图3-2-6所示。

图 3-2-6　卖点文档

(2)使用关键词指数平台搜集商品热点词

使用百度指数、微信指数、搜狗指数等平台,找寻与商品相关的热词。也可以将搜集的产品高频词放入指数平台中,查看高频词的搜索指数和关注度,辅助抓取产品卖点。

2. FABE法则提炼卖点

挖掘产品卖点还可以使用思维工具FABE法则,它能够更加全面系统地指导商家思考,

其中F（Features）指产品特点，主要从产品的结构、外观、材质、功能、工艺等角度传达产品本身固有的特点；A（Advantages）指产品的优势，是从产品的技术、功能、工艺、造型等方面传递产品本身固有的优点；B（Benefits）指好处和利益点，是从消费者的生活场景衍生出来的卖点，即告诉消费者产品可以满足他们的某方面需求，回答了"产品能为顾客带来什么好处"；E（Evidence）指证据，是向消费者证实产品特点和优点的真实性，如现场演示、顾客体验、技术报告、证明文件等，是属于客观性的、可靠性的、可见性的。具体提炼案例的解析见表3-2-5。

表3-2-5　FABE卖点提炼法——海某捞自热火锅案例

分析维度	商品主图	卖点词汇
F（特点）		自热火锅、速食自热、火锅、海底捞、麻辣、嫩牛肉、15分钟自热、肉质紧实、食材新鲜、荤素搭配……
A（优势）		安全(外盒防烫、加强筋强化盒盖结构、盒盖内扣防烫、模拟锅耳设计)；多种口味（辣度自选）；冻干技术锁住食材营养和口感；配料丰富……
B（好处）		15分钟便捷（蒸汽环流加热充分全面）、加班、宅家方便自煮……
E（证据）		冻干技术、包装设计证书（安全防烫设计、蒸汽循环）

🔍 **做一做**

搜索自嗨锅麻辣牛肉自热火锅产品，利用两种方法查找并在表3-2-6中填写产品的卖点。

表3-2-6　自热火锅卖点库

数据平台收集卖点词汇	
生意参谋	
微词云	
关键词指数平台	
其他平台	
FABE提炼法提炼卖点词汇	
F（特点）	
A（优势）	
B（好处）	
E（证据）	

二、撰写主图营销文案

主图不仅要美观，更要准确、清晰地表达商品的卖点，要让图片的视觉内容和文案内容相符合，且通常一张主图中卖点信息不超过2个。主图的文案要注意以下几点：

（1）准确传递商品和店铺信息，如放入Logo、品牌名有助于产生品牌信任。

（2）充分展现商品卖点，直击消费者需求或痛点，打造有创意的文案。

（3）利用促销、买赠等方式助力产品营销。

（4）简洁明了，突出1~2个核心卖点。

（5）内容真实（遵守广告法）。

表3-2-7展示了一组云南菌汤自热锅主图案例，共5张主图，第一张主图文案主要展现产品卖点及促销价格，其余主图分别从产品的汤头材质、粉条特性、菌子工艺等展开描述，全方位展示了产品的卖点，准确地传达了产品信息。

表3-2-7　云南菌汤自热锅主图文案案例分析

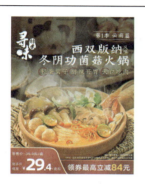

主图首图

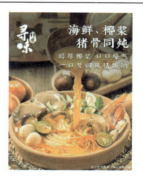

第二张主图

第三张主图

第四张主图

第五张主图

做一做

为麻辣牛肉自热火锅产品的5张主图撰写5条文案，根据产品卖点进行个性化撰写，将文案填写在表3-2-8中。

表3-2-8　麻辣牛肉自热火锅主图文案

主图文案		
产品		
文案	主图首图	
	第二张主图	
	第三张主图	
	第四张主图	
	第五张主图	

三、视觉优化

产品展示到消费者眼前时，优秀的视觉设计就会发挥它的作用，能让消费者更直观地看到产品的核心卖点，加深其对产品的印象，从而提升点击率和转化率。在主图的视觉优化中，要时刻注意文本格式和图片格式的规范，可以对照以下规范检查。

1. 文本格式规范

文案在主图中需要合理排版，符合消费者的阅读习惯。主图设计模板如图3-2-7所示。

• 文本字体：谨慎使用斜体、手写体等辨别不清文字的字体。

• 文字大小：重要的文案字号要更大，相对次要的文案字号要相应缩小，主要文字逻辑清晰。

• 文字颜色：区别背景色，尽量醒目。

• 文字排版：排版需要符合消费者的阅读习惯，主图中文案通常摆放在四周，中间放图片。

2. 图片格式规范

• 图片质量：图片细节明确、分辨率高、有指定商品的风格。

• 图片比例：图案比例合适、展示内容全。图片尺寸为800 px×800 px。

• 商品内容：商品有细节或整体效果，通常主图中要有：商品细节+主体效果组合的图片或商品主体+场景效果组合的图片。

文档

优秀主图案例

图 3-2-7　主图设计模板

3. 法律法规

• 素材不得含有淫秽、色情、赌博、迷信、恐怖、暴力等内容。

• 素材不得含有民族、种族、宗教、性别歧视等内容。

• 素材不得出现条形码、股票代码、微信ID、微信QR码、QQ ID或其他社交媒体平台的任何信息。

 想一想

思考主图视觉优化中，还需要注意哪些内容？

运营总监点拨

　　主图优化后，需要用直通车测图，以一周为单位，将制作好的主图首图（4张）进行平台轮播展示，每天分配相同的数据，检测几张主图的点击率情况，对新上传的主图进行数据复盘和查看，如果数据下跌，证明该组主图没能抓住消费者痛点和不符合当前消费群体的审美，就要及时更换。

YUNYINGZONGJIANDIANBO

活动三　短视频优化

　　短视频能够更加直观地展示商品，影响产品的转化率，在各大平台中占据着越来越重要的作用。宜品电商团队发现目前店铺平台的商品短视频主要为图片组合而成，已经不能满足消费者的需求，故很有必要对短视频进行优化，短视频优化的操作步骤如图3-2-8所示。

图 3-2-8　短视频优化的流程图

一、挖掘用户需求

展现产品卖点和体现用户需求是短视频的核心，前面已经学习了卖点的提炼方法，现在再一起了解挖掘用户需求的方法。我们可以把自己当作用户，思考自己感兴趣的内容，借助思维工具（马斯洛需求层次）来进行更全面的分析。

马斯洛需求层次主要分为：生理需求、安全需求、爱与归属需求、尊重需求、自我实现需求。为了让大家更好地运用工具，下面将以某运动品牌为案例，演示目标用户需求解析，见表3-2-9。

表3-2-9　某运动品牌需求分析案例

马斯洛需求层次图	某运动品牌用户需求分析
发挥潜能、创造力、责任感、自发性、道德　自我实现 尊重、认可、信心、成就　尊重需求 情感（亲情、爱情、友情）归属　爱与归属需求 人身安全、健康、财产、稳定、效率　安全需求 呼吸、水、食物　生理需求	爱国主义，良心企业 品牌效应，国名品牌 情感传播，河南水灾主动捐款 运动类衣物功能（吸汗、透气等），质量好，款式丰富，价格实惠 运动休闲衣物鞋类等

 做一做

请你充分调研爱诗乐鸳鸯喜字婚庆抱枕产品的市场需求，运用马斯洛需求层次思维方式分析该产品的用户需求，并将需求填写在表3-2-10中。

表3-2-10　爱诗乐鸳鸯喜字婚庆抱枕需求分析表

	马斯洛需求 层次	生理需求：
		安全需求：
		爱与归属需求：
		尊重需求：
		自我实现：

二、撰写短视频脚本

撰写脚本能够帮助用户快速完成爆款视频，但它需要一定的技巧。爆款视频脚本主要有四个黄金法则：片头5 s引起注意（标题）、激发购买欲望（体现产品卖点和展现用户痛点）、赢得读者信任、引导马上下单。

1. 片头5 s引起注意

下面是5种常见的片头类型。

- 新闻社论类：新闻主角（热点事件）+及时性词语（这个夏天）+重大新闻常用语（新款、曝光、风靡等）。

- 好友对话类：口语词+你+惊叹词。

- 实用锦囊类：具体问题+圆满结局或者破解办法。

- 惊喜优惠类：产品亮点+限时限量+具体优惠。

- 意外故事类：糟糕开头+完美结局（顾客证言）；反差+学历+年龄+境遇（创业故事）。

 做一做

同学们，请你看看以下片头文案使用了哪些方法？

1. 北大高材生回乡卖猪肉。_____

2. ins上晒疯了的设计师包包，居然只要29元！_____

3. 喷嚏打不停，鼻涕流不止，丝瓜根帮你解决。_____

2. 激发购买欲望

抓取产品卖点和用户需求，运用感官占领、多场景描述、恐惧诉求、认知对比等方法，充分展示产品的卖点和用户需求，以此激发用户的购买欲望。

- 感官占领：假设一个顾客正在使用产品，描述顾客的眼睛、鼻子、耳朵、舌头、身体、心理体会的直接感受，用充满激情的文案感染用户。

- 多场景描述：洞察顾客一天的行程，思考顾客在工作日、周末会做什么，把产品巧妙地植入顾客日常生活的场景里。

- 恐惧诉求：通常适合省事型、预防型、治疗型产品。描述让人恐惧或者害怕的场景，必须有代入感，如害怕蟑螂、害怕长篇阅读、害怕开口说英文等。具体内容：痛苦场景（具体清晰）+严重后果（难以承受）。

- 认知对比：通常用于成熟类产品，直接说出产品对比优势（注意客观公正阐述产品性能特征，要诚实守信）。

3. 赢得读者信任

- 权威转嫁：权威奖项、权威认证等。

- 事实证明：可以用实验证明产品的真实性能，客观公正展示产品卖点等。

- 化解顾虑：将可能产生的问题前置，主动提出消费者可能担心的产品问题、服务问题、安全隐患等，并给出解决方案，让顾客放心。

4. 引导马上下单

- 价格锚点：主动告诉用户产品的昂贵价格，再展示限时低价，用户就认为产品价格优惠。

- 算账：①当产品价格高昂，可以将价格平摊到每天，算出每天价值多少，让顾客感到便宜。②省钱，购买产品可以节省或者代替其他消费，使用产品后能为顾客节约多少钱。③正当消费，购买产品能够提升能力、解决困难、使身体健康等。

- 限时限量：给予顾客限时限量的消费紧张感，促使顾客尽快下单。

视频

优秀短视频案例

 **做一做**

撰写30~60 s的视频脚本并填写表3-2-11中的内容。

表3-2-11　短视频脚本

视频脚本撰写法现	脚本内容
片头5 s引起注意	
体现产品卖点	
展现用户痛点	
赢得用户信任	
引导用户马上下单	

三、制作短视频

使用视频编辑软件制作短视频，制作短视频时需要特别注意视频质量，包括画面清晰度、音效效果、剪辑技巧等多个方面。高质量的视频能够提供更好的用户体验，创作时应选择合适的拍摄设备，注意录音效果和剪辑的流畅性及创意性。最后剪辑时还要考虑播放媒介，不同的播放媒介对视频的画质、尺寸、音量等的要求也不同，需要实时调整，不容马虎。

[任务三]　　　　　　　　　　　　　　　　　No.3

精准人群推广

◆　任务描述

宜品电商团队在新品推广前，已经制订了新品推广的活动方案，并且在前期的店铺运营中已经拥有了许多不同类型的客户。那怎样才能让客户知晓新品信息和推广活动呢？为了精准推广新品信息和活动内容，宜品电商团队决定对店铺中的客户进行有效的分类管理，并将新品促销信息精准推送给目标客户，以便实现精准营销。

◆　任务实施

活动一　客户管理

为了掌握客户信息，进行有效的客户管理，面对店铺中的各类客户，团队决定使有Excel表格采集客户数据。进行客户管理的操作步骤如图3-3-1所示。

图 3-3-1　进行客户管理的流程图

一、搜集客户信息

要进行客户管理,首先应搜集客户信息。在淘宝店铺内搜集客户信息有两种方法:从客户运营平台搜集客户信息和从导出订单中搜集客户信息。

1. 从客户运营平台搜集客户信息

进入淘宝卖家中心→客户运营平台→客户管理→客户列表,可以搜集到客户信息。在客户运营平台中,系统将客户分为成交客户、未成交客户和询单客户,如图3-3-2所示。

图 3-3-2　客户列表

 做一做

为了搜集店铺内的客户信息,请在客户运营平台中查看成交客户的信息,并将前三个客户的信息填写到表3-3-1中。

表3-3-1　成交客户信息表

交易时间	客户网名	真实姓名	性别	电话	地址	购买商品	会员级别

2. 从导出订单搜集客户信息

进入淘宝卖家中心→交易→已卖出的宝贝,可以批量导出近三个月的订单和三个月前的订单,订单起始时间可自主设置,如图3-3-3所示。

 温馨提示

每天最多可导出100万笔订单;两次导出的时间间隔为15分钟以上;系统将保留30天

图 3-3-3　订单导出界面

内的导出数据，便于随时导出下载。订单下载的信息中包含大量敏感的用户个人信息。除另行获得用户的明确同意外，仅可将订单相关的用户个人信息用于交付商品/服务、提供售后服务等交易履约的必要用途。一旦非法使用或向他人非法提供用户个人信息的，淘宝平台可按照平台规则进行违规处置；店铺经营主体及相关责任人员也将面临监管部门行政处罚乃至承担刑事责任。

 **运营实战**

搜集无人机店铺中的客户信息，并整理到相应的表格中。

二、建立客户档案

搜集了客户信息，就可以将这些信息整理成客户档案。宜品电商团队设计了一个表格来整理客户资料，需要列明的项目主要有交易日期、顾客ID、会员级别、真实姓名、电话、地址、购买产品、成交金额、赠品、是否交易成功和备注。

 做一做

将搜集到的三个客户的信息整合到表3-3-2中。

表3-3-2　客户档案表

交易时间	顾客ID	会员级别	真实姓名	电话	地址	购买商品	成交金额	赠品	是否交易成功	备注

温馨提示

除使用表格建立客户档案外，也可以使用一些网店管理软件，如"网店管家"等来建立客户档案。

 **运营实战**

建立无人机店铺的客户档案，填写到表3-3-3中。

表3-3-3 无人机店铺客户档案

交易时间	顾客ID	会员级别	真实姓名	电话	地址	购买商品	成交金额	赠品	是否交易成功	备注

三、设置客户分群

根据前期整理的客户档案可以进行客户群的划分，以便后期进行精准营销。那么，到底该用什么样的标准来划分客户群呢？在平台中又该怎么操作呢？

进入淘宝卖家中心→客户运营平台→客户管理→客户分群，如图3-3-4所示。

图3-3-4 客户分群界面

在客户分群界面中，默认有三个重点人群，即兴趣人群、新客户人群和复购人群，除了这三种默认人群外，还可以设置自定义人群。设置自定义人群的方法如下：

（1）单击"新建人群"，进入新建人群设置界面，如图3-3-5所示，根据人群标签对客户分群。

 想一想

如果要建立一个自热火锅忠实客户群，可以从哪些方面进行设置呢？填写到下方的横线上。

图 3-3-5　新建人群设置界面

构建自热火锅"忠诚客户"群，可以设置如图3-3-6的特征。

图 3-3-6　设置"忠诚客户"特征

（2）特征设置完成后，输入人群名称，单击"立即保存人群"即可，如图3-3-7所示。

图 3-3-7　保存人群界面

 温馨提示

首次使用或者长期未使用当前人群时，系统预计会在48小时内产出数据。

做一做

在店铺中设置名为"优质客户群"的自定义人群，人群特征为：消费实际成交金额累计达200元的客户。

运营实战

根据无人机店铺中的客户特征，创建三个自定义人群。

四、建立客户网络社群

要及时传递新品信息，可以通过建立客户网络社群来实现，如客户淘宝群、QQ群和微信群等。宜品电商团队为了有效地向老客户传递信息，决定采用社群营销的方法，建立买家淘宝群、QQ群和微信群，将目标客户、潜在客户加入群里，通过定期推送活动信息，潜移默化地影响客户，最终转化为店铺的忠实客户。下面是淘宝群的创建方法。

微课

建立客户网络社群

（1）单击淘宝卖家中心→私域→触达通道→淘宝群，进入淘宝群运营平台，如图3-3-8所示。

图 3-3-8　淘宝群运营平台

（2）单击群组管理→创建新群，可创建快闪群、直播群、普通商家群、会员群和兴趣群，其中快闪群和兴趣群要求小二定邀群主才能创建，会员群所有天猫商家可建，直播群和普通商家群所有商家均可建立。设置群信息后，即可生成进群二维码，粉丝可通过扫描二维码加入该群。

温馨提示

商家可设置店铺子账号为会员群的超级管理员，一个群组最多有10个超级管理员。建议商家分为两个方向进行设置，一种为活动福利型，另一种为专业顾问型，并定制相应的管理员标签。在群聊中，可以进行文字、语音、视频等多种形式的交流和互动。需要注意的是，要遵守社交平台的相关规定，不得发布违禁内容，维护良好的网络环境。

做一做

帮助宜品电商团队创建名为"宜品电商主播粉丝群"的直播淘宝群、宜品电商客户QQ群及宜品电商客户微信群。

 运营实战

请根据无人机店铺中的客户特征和无人机新品推广策略，建立客户网络社群。

运营总监点拨

客户管理是指收集和分析客户信息，把握客户需求特征和行为偏好，积累和共享客户知识，有针对性地为客户提供产品或服务，发展和管理与客户之间的关系，从而培养长期忠诚度，以实现客户价值最大化和店铺收益最大化之间的平衡的管理方式。管理好客户可以降低维系老客户和开发新客户的成本，降低与客户的交易成本，促进增量购买和交叉购买，给店铺带来源源不断的利润。

在搜集客户信息时要注意保护客户信息安全，不能随意透露客户的重要信息，更不得向第三方出售客户信息，否则可能会承担法律责任。另外，建立与管理客户群时，要遵守有关法律法规，建群之初就要立下公告，禁止在群内发布黄、赌、毒或不当言论等违法违规信息，维护群的合法性。同时，还需要引导客户不要发布广告性质的链接，共同维护客户群的良好秩序。

YUNYINGZONGJIANDIANBO

活动二　精准推广

宜品电商团队已经在淘宝平台中将不同的客户加入不同的客户群，而且也建立了客户旺旺群、QQ群和微信群，接下来他们准备将新品信息推送给这些精准的客户群。开展精准推广的内容如图3-3-9所示。

| 短信推广 | ＋ | 网络社群推广 | ＋ | 微信公众号推广 | ＋ | 公域平台推广 |

图 3-3-9　开展精准推广的内容

微课

短信推广

一、短信推广

通过前期建立客户档案，宜品电商团队已经掌握了每个客户的电话号码，他们决定采用短信推广的方法进行客户精准推广。短信推广通常有两种方法，一种是使用淘宝站内的短信触达方式，另一种是使用其他客户关怀软件，如订单短信关怀或掌中宝交易打单等。

1. 使用短信触达方式

短信触达方式的操作步骤如下：

（1）单击淘宝卖家中心→私域→店铺运营→店铺获客，如图3-3-10所示。

（2）在推荐获客工具中选择"短信触达"中的"去创建"，进入短信设置界面，设置短信推广的标题，在人群管理界面中选择短信推广人群，如图3-3-11所示。

图 3-3-10　推荐获客工具界面

图 3-3-11　人群选择界面

想一想

若要推广新品信息，可以选择哪些人群？

_____

（3）人群选择完成后，再选择优惠券，如图3-3-12所示。

优惠券

去补充符合条件的优惠券

注：此处选择优惠券仅表示面向策略中对应人群触达，并非通过此配置限制仅该对应人群可领取。

图 3-3-12　优惠券选取界面

温馨提示

若店铺还未设置优惠券，则可单击"去补充复合条件的优惠券"创建优惠券，创建完成，返回后刷新页面即可。

（4）选择优惠券后，勾选"短信推广"渠道，进行短信内容和发送策略的设置。

温馨提示

短信模板既可以选择系统设定的，也可以自行创建。系统推荐的模板略显单调，自行设计的模板在语言组织上可更有特色和独创性，能更好地体现店铺的风格。

想一想

如果要进行新品推广，可怎样设置短信模板呢，请将短信模板填写到下方的横线上。

_____

（5）设置好短信模板后，再进行推送时间的设置。另外，还可以根据需要选择是否添加海报推广，完成后，单击"一键推广"按钮，如图3-3-13所示。

图 3-3-13　添加海报界面

温馨提示

短信推广时，注意遵守《通信短信服务管理规定》等法律法规合法适度地进行短信触达。

请给前面设置的"忠诚客户"推送新品短信。

 **运营实战**

给无人机店铺中的客户推送新品短信。

2. 短信关怀平台

进入淘宝卖家服务市场，选择"订单短信关怀"服务，进行订购，该服务为免费版，也可以选择"掌中宝交易打单"服务，该服务为付费服务，可以免费试用15天，如图3-3-14所示。

图 3-3-14　短信关怀平台

（1）"订单短信关怀"服务

"订单短信关怀"服务有三个方向的短信关怀，即手动关怀、交易关怀和评价关怀，见表3-3-4。

表3-3-4　"订单短信关怀"服务

短信类型	说明
手动关怀	无须消费者的手机号，基于订单号，给消费者发送短信进行主动关怀
交易关怀	包括预售—尾款支付开始前催付、预售—尾款支付截止前催付、付款提醒、付款关怀、退款关怀、发货提醒、换货寄回提醒和退货寄回提醒
评价关怀	包括评价提醒和好评回复

知识窗

在短信关怀平台中，根据系统要求设置手动关怀、交易关怀和评价关怀短信模板，并开启各个功能，系统自动向符合条件的订单发送短信提醒。其中，发货提醒和退款关怀这两个功能开启后发送短信方式为即时发送，短信发送时间为9:00—21:00，21:00之后的短信会在第二天发送。为防止过度骚扰买家，若当天同一买家拍下多笔订单，同一类型提醒短信当天只发送一条。催评提醒将在买家确认收货后，每天10:00左右统一发送。

ZHISHICHUANG

 做一做

在"订单短信关怀"服务中设置手动关怀、交易关怀和评价关怀短信模板。

（2）"掌中宝交易打单"服务

在"掌中宝交易打单"服务中，可设置催付通知等18种短信关怀，如图3-3-15所示。

 做一做

使用"掌中宝交易打单"服务设置催付通知等短信关怀，给"忠诚客户"推送新品短信。

图 3-3-15　"掌中宝交易打单"服务短信关怀类型

运营实战

利用"订单短信关怀"服务或"掌中宝交易打单"服务，设置售前、物流和售后关怀短信模板。

微课

二、网络社群推广

社群营销是一种常用的比较有效的信息推广方式，通过借助淘宝群、QQ群和微信群等社交工具，将产品的信息、优惠活动等发布到群里，从而吸引客户购买。

1. 淘宝客户群推广

宜品电商团队在前面的操作中已经建立了名为"宜品电商主播粉丝群"的淘宝客户群。在千牛App→"我管理的群"中，可以看到这个群，通过"群管理后台"即可进入"淘宝群运营平台"，在该平台中，包含消息定时/批量群发、消息批量回复、重要消息通知PUSH和自动回复功能，如图3-3-16所示。

图 3-3-16　淘宝群运营平台界面

做一做

本店推出了满300减50的活动，请针对"优惠"这个关键字，设置一条自动回复。

在"消息定时/批量群发"中，群发的信息包括文字内容、商品清单、图片内容和视频内容。

想一想

若要向群里的客户推送新品信息及活动内容，请设计一条群发信息，填写到下方的横线上。

 做一做

在"宜品电商主播粉丝群"中，发送当天的直播预告信息。

2. QQ群推广信息

QQ的用户量高达8亿，QQ群通过关键词将有共同需求、爱好的用户聚集起来，这为推广提供了绝佳的便利。QQ群推广，需要站在客户的角度思考问题，找到客户需求。QQ群推广可以采用两种方法，第一种是群发消息，第二种是将群成员的邮箱导出，进行QQ邮件推广。

 做一做

在客户QQ群中，群发一条新品自热火锅的图文消息，并附上新品的购买链接。

3. 微信群推广信息

目前，微信的用户接近11亿，店主建立的微信群里一般是已购买过商品的志同道合的粉丝，因此可以在微信群中引导粉丝进行复购。

 想一想

推送什么信息才能引导粉丝复购呢？

 做一做

在客户微信群中，群发一条新品自热火锅的图文消息，并附上新品的购买链接。

 温馨提示

任何一个营销性质的微信群都会注重群活性，有活性的群才是带来转化的第一步。可以利用一些活动，比如签到送积分、积分换奖品、幸运发转盘、刮刮乐等来促进群活跃性。

除了微信群，还可以利用微信朋友圈推送信息。利用微信朋友圈功能，首先准备好互动文案和图片，就可以进行信息推送了。在朋友圈推送信息时，要注意不要直接发广告，以免引起客户的反感。

 做一做

在微信朋友圈推送一条新品信息，附带图片和视频。

三、微信公众号推广

宜品电商团队发现微信群每天的信息太多，管理员发送的信息经常被刷屏。因此，为了有更精准的微信服务方式，团队准备利用微信公众号推广信息。微信公众号可以给粉丝推送文字、语音、视频、图片以及软文，推送的内容可以是重要通知、趣味互动或产品营销等，其功能比微信群更多。

使用微信公众号之前，首先要注册微信公众号。

1. 注册微信公众号

在浏览器中输入微信公众平台的网址，根据向导即可开通微信公众号。

知识窗

微信公众号一共分为订阅号、服务号、小程序和企业微信四类。

订阅号：每天可以推送1条信息，没有消息提醒功能，如果做产品推广，可以选择这种类型。

服务号：每个月只能推送4条信息，有消息提醒功能，主要做客户服务和维护。

小程序：类似于App，功能较多，同时又具有轻便、不用下载、不占内存的优点。

企业微信：一般是公司员工使用，用于员工通信，具有信息集合和消息通知等功能。

ZHISHICHUANG

 做一做

根据向导，帮助宜品电商团队申请一个微信订阅号，订阅号名为"宜品电商食品店"。

2. 使用微信公众号推送信息

进入微信公众号→新的创作，即可编辑图文信息或视频信息，还可发起直播，如图3-3-17所示。

图 3-3-17　微信公众号信息创作类型

 做一做

利用"宜品电商食品店"微信订阅号发布新品图文信息。

 运营实战

为无人机店铺申请一个微信公众号，并通过微信公众号发布视频消息。

 温馨提示

使用微信公众号推送信息时要注意：合理选择信息发送时机；准确选取发送对象；做到文案通俗易懂，加强与粉丝的互动性。

四、公域平台推广

宜品电商团队为了获得更多的客户,决定在公域平台进行品牌宣传和营销。公域平台是指店铺无法掌控的用户数据和渠道,比如社交媒体平台、搜索引擎和第三方电商平台等。公域平台的优势在于,可以通过投放和推广在更广泛的受众中进行品牌宣传和营销。同时,公域平台具有更高的流量和曝光度,可以带来更多的用户流量和转化。

目前流行的是短视频推广,比较火的短视频公域流量平台包括抖音、快手、西瓜视频、腾讯微视、好看视频等。要想提升公域流量的推广效果,就需要制作出垂直度高且有价值的短视频,然后在平台中进行投放,平台会根据视频的内容寻找精准用户并进行推荐。这也是店铺获客的一种方式。

 做一做

在抖音平台发布一条自热火锅新品广告短视频。

 **运营实战**

通过抖音、快手等短视频平台,发布无人机新品广告视频。

运营总监点拨

精准推广是连接店铺与客户需求的桥梁,在客户精准定位的基础上,通过客户沟通服务体系,为客户提供定制的产品和服务,满足客户的个性化需求。精准营销打破了以产品为中心的传统营销理念,实现了营销策略由"产品导向"向"市场和客户需求导向"的转变,并在提升客户服务价值的同时,实现了对目标客户群的准确、高效营销。

另外,在推送信息时,要选择安全的发送渠道,以免泄露客户隐私。不要频繁给客户发送信息,避免信息轰炸,遵守个人信息保护法。

YUNYINGZONGJIANDIANBO

［任务四］

No.4

推广复盘

◆　**任务描述**

店铺经过SEO优化和精准人群推广后,宜品电商团队运营的店铺有了更多的流量及销量,为了查看新品推广的效果,宜品电商团队决定深入分析自热火锅店铺流量、用户的人群画像以及销量等推广数据,分析店铺在运营过程中存在的问题,做好推广复盘,为制订新一轮更加有效的推广策略提供数据支撑。

◆ **任务实施**

店铺流量分析是电子商务运营中的重要环节之一，对店铺流量进行分析，可以帮助运营人员了解店铺的流量来源、访问量、转化率、跳出率等指标的数据变化趋势，从而更好地优化店铺运营。店铺流量分析的操作步骤如图3-4-1所示。

图 3-4-1　店铺流量分析的流程图

知识窗

流量来源：指用户访问网站的途径，包括直接访问、搜索引擎、外部链接等。其中，直接访问是指用户直接输入网址或通过收藏夹、书签等方式访问网站；搜索引擎是指用户通过搜索引擎搜索关键词进入网站；外部链接是指其他网站链接到本网站的链接。

访客量：指在一定时间内访问网站的独立用户数量，每个用户只算一次。访客量是衡量网站流量的重要指标之一，也是衡量店铺受欢迎程度的重要指标之一。

转化率：指在一个统计周期内，完成转化行为的次数占推广信息总点击次数的比例。例如，在一段时间内有100个人访问了网店，其中只有10个人购买了产品，那么转化率为10%。

跳出率：指仅仅访问了单个页面的用户占全部访问用户的百分比，或者指从首页离开网店的用户占所有访问用户的百分比。

ZHISHICHUANG

一、数据收集

为了更深入地对店铺的流量进行分析，需要采集店铺的流量数据。淘宝店铺流量数据的来源有很多，通常情况下，淘宝店铺或者天猫旗舰店要通过生意参谋查看实时来源数据。

1. 确定数据采集指标

为了更准确地收集到店铺的流量数据，需要确定好数据收集的各项指标，数据采集指标可以参考电商平台中的指标，再结合数据分析的维度来确定。

 做一做

请根据店铺中数据分析的实际情况，将需要采集的数据指标填写在横线上。

_____

_____

2. 采集数据

在采集数据时，根据采集数据的分析维度，将店铺的相关运营数据采集出来，存储在表格中，包含流量、销量等数据。一般情况下，多数商家会使用表格处理软件来采集、存储数据。

结合店铺的实际情况，需要将流量、销量、广告等相关数据采集出来，进行综合分析。除流量数据采集表以外, 还需要准备其他的数据表格, 表3-4-1为流量数据采集模板。

表3-4-1　流量数据采集模板

日期	浏览量	访客数	购物车加入量	下单人数	成交人数	销售额/元	转化率	跳出率

二、数据清洗

数据清洗是指在数据分析前, 对原始数据进行处理, 以去除重复、缺失、异常等不合理数据, 提高数据的准确性和可靠性。在店铺运营中, 需要对收集到的数据进行清洗, 以便更好地分析和应用。具体来说, 数据清洗包括以下几个方面:

- 去除重复值: 删除重复的数据行或列;
- 填补缺失值: 用平均值、中位数等方法填补缺失值;
- 处理异常值: 对于明显异常的数据进行处理;
- 格式化数据: 将数据转换为统一的格式;
- 合并数据: 将多个表格中的数据合并为一个表格。

微课

利用表格快速进行数据清洗

做一做

表3-4-2中转化率出现缺失值, 请计算缺失值后填写在表3-4-3中, 使最后的数据是可用的。

表3-4-2　宜品自热火锅旗舰店店铺流量数据（原始）

日期	浏览量	访客数	购物车加入量	下单人数	成交人数	销售额/元	转化率/%	跳出率/%
5月12日	10 000	5 023	1 000	800	600	10 000	*	40.0
5月13日	12 000	6 524	1 200	900	790	12 000	12.1	38.5
5月14日	14 000	7 954	1 400	1 100	840	14 000	*	37.5
5月15日	16 500	8 500	1 650	1 350	996	16 500	11.7	36.3
5月16日	18 500	10 571	1 850	1 550	1 168	18 500	*	35.0
5月17日	21 254	11 254	2 125	2 124	1 488	21 254	13.2	34.7
5月18日	562 415	445 576	32 564	2 5641	15 600	25 604	*	23.5

表3-4-3　宜品自热火锅旗舰店店铺流量数据（清洗后）

日期	浏览量	访客数	购物车加入量	下单人数	成交人数	销售额/元	转化率/%	跳出率/%
5月12日	10 000	5 023	1 000	800	600	10 000		40.0
5月13日	12 000	6 524	1 200	900	790	12 000		38.5

续表

日期	浏览量	访客数	购物车加入量	下单人数	成交人数	销售额/元	转化率/%	跳出率/%
5月14日	14 000	7 954	1 400	1 100	840	14 000		37.5
5月15日	16 500	8 500	1 650	1 350	996	16 500		36.3
5月16日	18 500	10 571	1 850	1 550	1 168	18 500		35.0
5月17日	21 254	11 254	2 125	2 124	1 488	21 254		34.7
5月18日	56 241	44 557	3 256	2 564	1 560	25 604		23.5

在实际店铺运营过程中，原始数据不止7天的数据，当采集到数据后，需要第一时间对所有原始数据进行清洗，保证清洗后的数据可直接使用。

三、数据分析

店铺运营中的流量数据分析是指对店铺的访问量、访客数、浏览量、加购物车量、下单人数、成交人数等数据，利用电子表格的排序、筛选、数据透视等功能进行分析，寻找店铺存在的问题和不足，以便更好地了解店铺的运营情况，并进行优化。

下面对表3-4-3中的数据进行分析，找出店铺的运营情况及趋势。

1. 分析浏览量

对比分析数据，5月18日的浏览量明显高于前一天，是什么原因导致流量增加呢？分析SEO优化的几个指标，得出了表3-4-4所示的结论。

表3-4-4　浏览量分析结果

分析指标	分析结果
标题分析	标题包含了近期的搜索词，与产品的价格匹配，使产品的搜索排名靠前
主图分析	主图文案卖点突出，图片吸引眼球，主图点击率更高
短视频分析	短视频融入产品的制作工艺，视频的点击率更高

2. 分析跳出率

使用图表分析跳出率。在表格处理软件中，选择日期及跳出率两列数据，插入折线图，如图3-4-2所示，由此可知，店铺的跳出率呈下降状态，跳出率的降低和前期店铺的优化及精准人群推广有关，可从这个数据推测出店铺的优化是有效的，店铺的发展正常。

 做一做

请结合表3-4-3中的数据，分析购物车加入量、下单人数、成交人数3个数据的变化趋势是否正常，将结论写在下面的横线上。

_____

 运营实战

表3-4-5所示为无人机店铺中某产品5天的流量数据，请根据各项数据使用数据处理

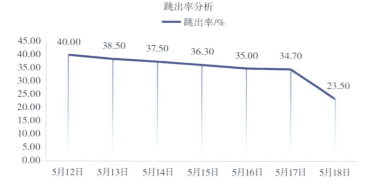

图 3-4-2　跳出率分析趋势图

软件中的图表等工具，分析数据的变化趋势，并尝试分析引起数据变化的原因，将分析结果填写在表3-4-6中。

表3-3-5　某产品流量数据

日期	浏览量	点击量	下单量	成交额	首页点击量	详情页点击量	跳出率/%	备注
5月15日	258 031	215 565	116 118	928 944	49 347	30 479	23.5	
5月16日	191 154	86 644	20 948	167 584	11 236	24 174	21.9	
5月17日	189 669	181 489	40 325	322 600	17 800	17 052	18.5	
5月18日	165 104	68 465	14 968	119 744	37 529	21 911	28.9	
5月19日	252 799	248 884	107 032	856 256	60 682	12 342	35.2	

表3-4-6　无人机店铺分析结果

分析指标	变化趋势	分析结果
浏览量		
下单量与成交额		
首页及详情页点击量		
跳出率		

运营总监点拨

　　如今，形式主义、数据造假现象屡见不鲜，这显然是违背诚信原则的。作为电子商务的运营人员，面对店铺的各种流量数据，在复盘分析时务必做到诚实守信，尊重数据的客观真实性。同时，也要做到精益求精的工匠精神，透过数据看到现象的本质。只有这样才能学好电子商务店铺运营，才能在未来的工作岗位上把工作做好，职业生涯的道路才能越走越远。

YUNYINGZONGJIANDIANBO

活动二　人群画像分析

人群画像分析主要是分析客户总体情况、粉丝情况等,如图3-4-3所示。

客户画像分析　　＋　　店铺粉丝分析

图 3-4-3　人群画像分析的内容

一、客户画像分析

1. 分析客户画像数据

进入生意参谋→客户→客户概况页面→画像,进入客户画像页面。在客户画像页面中,可以分析店铺客户的逛店偏好、性别比例、地域分布、职业分布、浏览品牌偏好及兴趣爱好等,图3-4-4所示为人群地域画像。

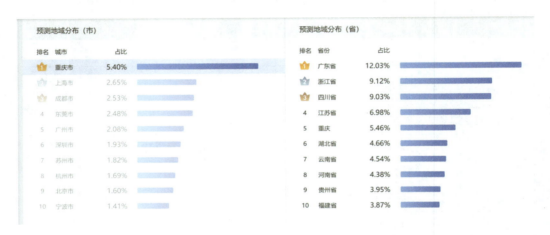

图 3-4-4　人群地域画像

从图3-4-4可以看出,在市级层面,重庆市的客户最多,其次是上海,而这种情况可能是消费者的消费偏好导致的。在省级层面,广东省占比最高,为12.03%,其次是浙江省。

2. 分析访客数据

在流量纵横面板中,访客分析可分析访客的消费层级、性别、年龄等数据,图3-4-5所示为访客分析的画像。从消费层级可以分析出,未支付访客中,消费层级在0~20元的占41.63%,而支付新买家中消费层级在0~20元的占38.71%,支付老买家中消费层级在65~130元的最多。从消费层级看,若能增加老客户,那么消费的金额将增多。在性别比例中,男性占比更高。根据此数据,还可以大致判断出该店铺的客单价较低,属于走量型店铺。

运营总监点拨

随着人们对个人隐私的保护,越来越多的消费者开始反感不良商家恶意收集、传播个人隐私数据的行为。因此,作为电子商务行业的从业者,一定要保护好消费者的隐私数据,更不能利用大数据对消费者进行"杀熟",做到童叟无欺。

YUNYINGZONGJIANDIANBO

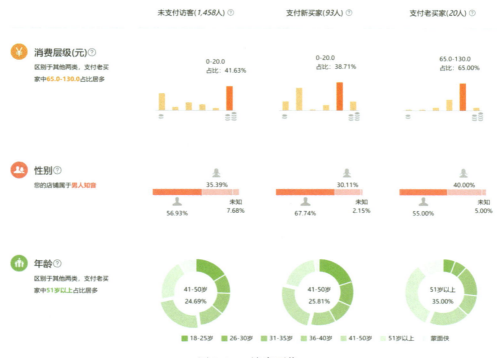

图 3-4-5　访客画像

二、店铺粉丝分析

店铺粉丝可以提高店铺的转化率,经过前面对买家的人群关怀及推广后,店铺的粉丝数量得到增加。现有粉丝如图3-4-6所示。

图 3-4-6　某店铺的客户粉丝分析页面

图3-4-6中,活跃粉丝数占16.14%,而同行优化店铺的活跃粉丝数高达60%以上,高活跃粉丝说明粉丝购买频率高,商品受欢迎程度高,因此,需要找出提高粉丝活跃度的方法,想办

法将普通粉丝和沉睡粉丝转化为活跃粉丝,争取更多的机会粉丝。

活动三 销量推广分析

在店铺运营中,不管是优化标题、优化主图、优化详情页和宝贝视频,还是开展付费推广,最终目的都是提高店铺整体销量和销售额,提高点击率、下单转化率和支付转化率。作为电子商务运营人员,在复盘时必须看懂店铺生意参谋里的各种销售数据,透过销售数据看透数据背后所反映出的店铺问题。同时,销量推广分析是电子商务运营中的关键环节,通过对销售数据的分析,可以了解产品的销售情况,找出潜在的问题,制订相应的策略来提高销售额和转化率。销量推广分析的操作步骤如图3-4-7所示。

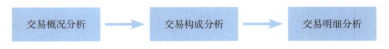

图 3-4-7 销量推广分析的流程图

一、交易概况分析

交易概况分析,主要是从整体上呈现店铺的各种销售数据,比如店铺访客数、下单买家数和支付买家数,以及人数的增减变化百分比。可以按天查看销售数据,也可以按近7天或者近30天查看销售数据。如图3-4-8所示,在2023年7月30日这天,该店铺的访客数下降了2%,下单买家数增加了4.58%,支付买家数增加了1.9%;下单金额增加了3.37%,但是支付金额和客单价分别下降了0.65%和2.5%;虽然该店铺的下单转化率和支付转化率都不高,分别为9.88%和8.92%,但是下单—支付转化率却非常高,达到90.24%。从这些数据可以分析得出,该店铺在7月30日这一天的引流比较好,整体转化率比较稳定,大多数买家在下单后很快就完成了支付。

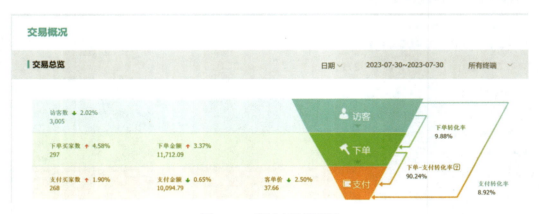

图 3-4-8 店铺交易概况图

二、交易构成分析

在淘宝和天猫平台上,买家可以通过PC端和手机端(无线端)购买商品。对于卖家而言,交易构成就分为PC端和无线端,主要是指来自不同终端用户的支付金额比例。从图3-4-9中可以看到,该店铺在2023年7月30日的销售总额是10 094.78元,其中无线端的支付金额占比高达96.31%,而PC端只有3.69%,虽然PC端的支付转化率高,但是PC端的占比非常小。因此,可以分析得出该店铺的主要用户来自无线端,90%以上的买家都热衷于用手机随时随地购物。

图 3-4-9　店铺交易构成图

三、交易明细分析

交易明细分析主要是查看分析店铺中各个商品的具体销售数据，包括销量、客单价、转化率、支付买家地域分布、下单时段分布等数据，可以帮助运营人员迅速定位店铺的引流商品、热销商品、爆款商品和利润商品，也可以找到在销商品中的滞销品。为推广策略和商品上下架调整提供重要的参考依据。

运营总监点拨

在国家推行乡村振兴政策的大背景下，同学们应该根据所学帮助当地的小规模种养殖户，开辟线上销售渠道，搭建淘宝店铺，上架农特产品，合理规划并运营推广店铺和商品，为家乡的发展，为当地农民的增收贡献一份绵薄之力。

YUNYINGZONGJIANDIANBO

【1+X实战演练】

第一部分　理论测试题

一、单选题

1. 淘宝生意参谋中的四个整体指标模块不包括（　　）。

A. 流量　　　　　　　　B. 实时　　　　　　　　C. 商品　　　　　　　　D. 交易

2. 生意参谋中数据模块中有标题优化选项，将标题输入后红色关键词代表（　　）。

A. 关键词引流多，当前流量数据好　　　　　　B. 关键词引流少，当前流量数据差

C. 无流量　　　　　　　　　　　　　　　　D. 词语异常

3. 长尾词是指（　　）。

A. 多次叠加的关键词　　　　　　　　　B. 由3~4个关键词组合的词

C. 流量高的词　　　　　　　　　　　　D. 受众范围广的词

4. 客户信息收集通常包括基本数据、消费数据、行为数据和营销数据等信息，以下属于行为数据的是（　　）。

A. 客单价　　　　　B. 静默下单次数　　　　C. 会员等级　　　　　D. 免邮次数

5. "新春来临之际，×××旗舰店给所有客户发送了一条客户关怀信息，信息内容如下：亲爱的会员*先生/女士，预祝春节快乐，阖家幸福！现送上200减50优惠券，7天有效，前500名还有赠品哦，先到先得。HTTP://T. CN/****。"请问，该信息属于客户关怀的哪种类型？（　　）

A. 节日关怀　　　　B. 售后关怀　　　　　　C. 促销关怀　　　　　D. 情感关怀

6. 下列属于订单催付工具的是（　　）。

A. 客服工具　　　　B. 短信　　　　　　　　C. 电话　　　　　　　D. 以上都是

二、多选题

1. 标题一般由哪些关键词组成？（　　）

A. 核心词　　　　　B. 修饰词　　　　　　　C. 品牌词　　　　　　D. 长尾词

2. FABE法则的内容包括（　　）。

A. 特点　　　　　　B. 优势　　　　　　　　C. 好处　　　　　　　D. 证据

3. 当客户满意度下降时，客服的挽回方法包括（　　）。

A. 为提升会员购买频率提供层级性的更高优惠政策

B. 建立阶梯会员制度，让忠诚客户享受更大折扣

C. 不断推出新品

D. 划分商品矩阵，把利润商品更多地用于会员权益

4. 客户信息整理包括站内CRM工具信息整理和第三方工具信息整理，其中站内CRM工具信息的整理工作主要包括（　　）。

A. 客户性别整理　　　　　　　　　　　B. 忠诚客户整理

C. 信息内容归类　　　　　　　　　　　D. 会员分组管理

5. 店铺可以借力多维平台的沟通渠道，结合CRM系统，针对忠诚客户实现差异性营销，主要包括（　　）。

A. 短信营销　　　　　　　　　　　　　B. 支付宝红包营销

C. 场景营销　　　　　　　　　　　　　D. 优惠券营销

三、判断题

1. 百度指数分析工具中需求图谱功能展示所选关键词在百度的搜索指数及受关注指数，反映该关键词的热门程度。　　　　　　　　　　　　　　　　　　　　（　　）

2. 主图中可以出现条形码。　　　　　　　　　　　　　　　　　　　　　　（　　）

3. 淘气值主要反映访客在淘宝的活跃程度，买家淘气值越高，用户越活跃。　（　　）

4. 转化率在整个店铺运营过程中都是一个非常重要的指标，需要运营人员随时关注。

（　　）

5. 人群画像和推广策略"千人千面"两者之间没有多大关联。　　　　　　　（　　）

第二部分　实训练习

1. 在儿童玩具中,遥控飞机是一款益智玩具,深受家长喜欢。请对价格为100~200元的遥控飞机做关键词挖掘,要求写出10个左右的词语,包含关键词、品牌词、营销词、长尾词等。

【操作提示】在挖掘关键词时,可以通过以下几个方面挖掘关键词:

(1)在电商平台中,通过搜索引擎搜索热词来挖掘关键词;

(2)在电商数据分析平台中,通过关键词搜索来挖掘关键词;

(3)通过对百度等数据的分析,查看搜索热词来挖掘关键词;

(4)通过商品标题及商品详情挖掘关键词。

2. 对上题挖掘出关键词进行删除、组合、排序操作,对其中一款遥控飞机玩具做商品标题优化,请写出优化后的标题。

【操作提示】在对标题进行优化时,需要在原标题中加入搜索热词,删除无搜索流量的词,通过词语组合形成新的关键词,优化后标题的字数应体现多种组合,标题最多字符数为60。

3. 无人机应用领域越来越广泛,国产大疆无人机的质量、性能处于国际领先地位。无人机为摄影爱好者提供了更广域的拍摄角度。大疆无人机的图片素材如图3-4-10所示,请根据实训要求完成任务。

图3-4-10　大疆无人机 DJI mini2 SE

【操作提示】挖掘产品卖点和用户需求:

(1)建立无人机产品的卖点库;

(2)建立无人机的用户需求表格;

(3)为无人机制作一张主图(首图);

(4)撰写无人机的短视频文案。

4. 李然通过淘宝后台订单管理页面发现有部分订单处于已拍下未付款状态,于是找到对应的客服工作人员了解具体情况。客服工作人员对此的反馈是:每天面对大量的买家咨询,没有时间对这类用户进行催付跟踪，导致错过了最佳的催付时间。除此之外，店铺提供的催付话术库质量一般，催付成功率极低。根据以上情况，李然准备从运营的角度更新优化催付话术库，提高已拍订单的付款率。

单肩包商品参数、卖点和运费如下：

商品参数			
流行元素	撞色	形状	竖款方形
质地	PVC	有无夹层	无
里料材质	涤纶	肩带样式	单根
背包方式	单肩斜挎	箱包硬度	软
闭合方式	磁扣	是否可折叠	否
销售渠道类型	纯电商（只在线上销售）		
颜色分类	芭比蓝、暮光蓝、搞怪粉、鬼马橙、森林绿		
商品卖点			
①立体Logo采用刺绣工艺，生动、精致。 ②可拆卸的可爱挂件，原创手绘效果，趣味卖萌。 ③俏皮撞色翻盖，取物、置物更便捷。 ④磁钮按扣，底钉镶嵌Logo更显品质			
商品运费			
模板名称	单肩包运费模板	发货时间	3天内发货
是否包邮	自定义运费	计价方式	按件数
运送方式	快递		

单肩包拍下未付款（对发货时间存疑虑），客户会提什么样的问题呢？我们应该怎样回答呢？请针对具体情况提出3~5个问题，并进行回答。

提问：

回答：

【操作提示】

（1）在提问时，注意包含题目中的关键字；

（2）问题一般要设置3~5个；

（3）在回答问题时需要查看商品的基础信息。

◆ **项目评价**

班级			姓名		
练习日期			评价得分		
完成效果评价			□优 良 □中 □差		
序号	评分项	得分条件	分值/分	评分要求	得分/分
1	竞品数据分析	①进入百度搜索指数迅速； ②正确输入产品关键词； ③正确读取搜索指数； ④正确记录数据； ⑤正确统计数据	10	①任务完成且完成效果好，每项2分； ②未完成任务或任务完成错误，该项不得分； ③任务未全部完成，根据情况得部分分	
2	自销品数据分析	①迅速完成分析工作分工； ②迅速完成优势分析； ③迅速完成劣势分析； ④迅速完成机会分析； ⑤迅速完成威胁分析； ⑥正确完成SWOT分析	18	①任务完成且完成效果好，每项3分； ②未完成任务或任务完成错误，该项不得分； ③任务未全部完成，根据情况得部分分	
3	制订推广方案	①能多方观察产品外观； ②正确分析包装特点； ③正确读取包装文字信息； ④迅速填写问卷星	12	①任务完成且完成效果好，每项3分； ②未完成任务或任务完成错误，该项不得分； ③任务未全部完成，根据情况得部分分	
4	标题优化	①准确找出商品的核心词、品牌词、属性词、营销词、长性词； ②能挖掘出商品的关键词、属性词； ③能选择合适的词语组合标题； ④能测试标题得分	12	①任务完成且完成效果好，每项3分； ②未完成任务或任务完成错误，该项不得分； ③任务未全部完成，根据情况得部分分	
5	主图优化	①能采集竞品主图； ②能采集竞品销量； ③能找到与竞品主图的差距； ④能提出优化主图的要点	12	①任务完成且完成效果好，每项3分； ②未完成任务或任务完成错误，该项不得分； ③任务未全部完成，根据情况得部分分	

续表

序号	评分项	得分条件	分值/分	评分要求	得分/分
6	短视频优化	①视频时长30~60 s； ②规范封面图； ③片头5 s，清晰展示主题； ④脚本真实、吸引人、有感染力； ⑤内容有卖点、痛点、行动建议； ⑥音乐与视频风格一致； ⑦遵守广告法、平台规则，无违禁内容； ⑧视频内容新颖、有创意、有特色	16	①任务完成且完成效果好，每项2分； ②未完成任务或任务完成错误，该项不得分； ③任务未全部完成，根据情况得部分分	
7	精准人群推广	①能对客户分组； ②对客户分类推送消息； ③推送消息准确无误； ④推送消息时达到礼仪合规	10	①任务完成且完成效果好，每项2.5分； ②未完成任务或任务完成错误，该项不得分； ③任务未全部完成，根据情况得部分分	
8	推广复盘	①完成了自推广以来的数据记录； ②数据记录准确无误； ③完成店铺的简单数据分析； ④记录了店铺数据分析结果	10	①任务完成且完成效果好，每项2.5分； ②未完成任务或任务完成错误，该项不得分； ③任务未全部完成，根据情况得部分分	
总分			100		
备注		优：85~100分；良：61~84分；中：35~60分；差：0~35分			

运营案例赏析

　　在网络营销的背景下，某坚果品牌凭借俏皮可爱的形象和优秀的产品品质，在坚果市场占据了一席之地。

　　首先，该品牌在众多热门影视剧中都做了植入推广，使品牌产品频繁出现在画面中，让消费者对品牌有了基本的认知。其次，该品牌制作了以品牌形象为主角的动画片，实现了上亿的播放量，让品牌几乎家喻户晓。再次，该品牌在2012年抓住了淘宝直通车、钻展的付费推广时机，拿到了零售特产销量的全网第一名。最后，该品牌的包裹里附加了一个装坚果壳的袋子，其贴心的服务，提升了品牌的口碑和服务质量，赢得了更多消费者的好感。

YUNYINGANLISHANGXI

项目四
爆款打造

【 项目概述 】

打造爆款是增加店铺销量、提高商品转化率的有效手段。在打造爆款的过程中，需要通过付费推广来增加产品及店铺的曝光量，提高产品及店铺的综合排名，继而进一步增加店铺的免费流量。淘宝平台中有很多付费推广工具，如有按成交金额比例支付佣金的淘宝客，有按点击支付广告费用的直通车，有按展现量支付广告费用的其他信息流推广渠道。宜品电商团队经营的店铺，已具有一定的流量和销量，现在团队决定开展付费推广，包含淘宝客推广、直通车推广、信息流推广三种推广方式，同时结合直播推广，增加商品及店铺的曝光率，陆续将产品打造成爆款。在本项目中，宜品电商团队将通过四个任务打造爆款产品，全面提升店铺的等级及增加店铺的销量。

【 项目目标 】

知识目标

+ 了解付费推广的推广模式及推广费用计算方法；

+ 了解爆款所具备的要素；

+ 牢记创建淘宝客、直通车、信息流推广的操作流程；

+ 牢记直播的操作流程。

技能目标

+ 能进行店铺数据及竞品数据分析；

+ 能根据推广方案开展付费推广；

+ 能开展直播推广；

+ 能分析推广数据并优化推广策略。

思政目标

+ 遵守电商直播内容营销的规则；

+ 培养数据思维及数据保密意识；

+ 培养合法的商业意识。

[任务一]

运营策划

◆ 任务描述

宜品电商团队经营的店铺通过前期的推广,现在有了一定的流量。为了使店铺朝更好的方向发展,团队决定在店铺中选择1~2个商品,将其打造成爆款,从而进一步提高店铺的流量,带动其他商品的销售,最终提高店铺的利润。为了能成功打造出爆款,团队决定先制订一份运营策划方案。

◆ 任务实施

活动一 店铺数据分析

分析商品的销售数据,掌握店铺的经营现状,是制订运营策划方案的前提。团队决定深入分析店铺的交易数据、流量数据、客户数据,同时查看并分析其他数据,为分析竞品数据做准备。开展店铺数据分析的操作步骤如图4-1-1所示。

图 4-1-1 分析店铺数据的流程图

一、分析交易数据

在分析店铺的交易数据时,通过交易概况可以查看店铺近期的总体交易趋势,分析出店铺销量呈上升还是下降趋势。

1. 查看交易概况中的数据

(1)进入生意参谋,在页面中单击"交易",查看某时段交易概况,在日期处选择需要查看数据的交易日期,如图4-1-2所示。

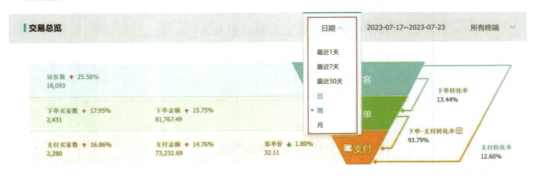

图 4-1-2 交易总览

做一做

从图4-1-2可以看出，近一周的总体数据呈上升趋势，但客单价有一定的下降。针对客单价下降的情况，你计划采用什么方法来提高客单价？将你的方法写在下面的横线上。

_____

（2）采用同样的方法查看最近2周、30天甚至更长时间的交易数据，分析交易的趋势。

（3）在交易构成中，可以进行"同行对比"，了解本店铺的销售处于同行业的哪个水平。从图4-1-3可以看出，本店铺自2022年7月以来，每个月的总体交易量均高于行业平均水平。

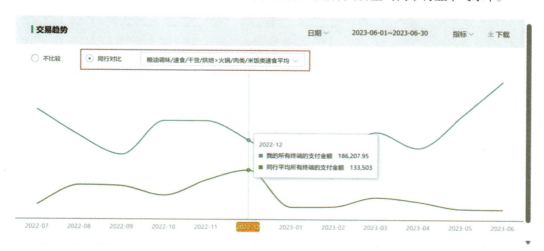

图 4-1-3 某店与同行的交易趋势曲线图

 做一做

表4-1-1为某店铺连续12个月的支付数据，请分析表4-1-1中各数据，从支付金额、客单价、下单买家数、支付转化率四个维度，分析各月数据的变化趋势、数据异常的月份、引起数据异常的原因，将结果填写在表4-1-2中。

表4-1-1 某店铺近1年的支付数据

月份	支付金额	支付买家数	客单价	下单金额	下单买家数	支付转化率/%	下单-支付转化率/%
7月	236 117.38	4 439	53.19	256 489.83	4 677	8.14	94.91
8月	185 557.90	3 333	55.67	201 094.00	3 505	7.13	95.09
9月	156 445.84	2 782	56.24	172 187.04	2 962	7.29	93.92
10月	215 562.10	3 813	56.53	241 829.10	4 114	8.14	92.68
11月	215 277.90	3 881	55.47	249 673.70	4 262	7.58	91.06
12月	183 698.16	3 344	54.93	211 019.56	3 654	6.95	91.52

续表

月份	支付金额	支付买家数	客单价	下单金额	下单买家数	支付转化率/%	下单-支付转化率/%
1月	141 541.10	4 069	34.79	158 658.70	4 339	10.98	93.78
2月	149 472.20	3 826	39.07	170 301.40	4 113	9.31	93.02
3月	189 485.94	6 671	28.40	216 713.74	7 110	12.42	93.83
4月	165 115.78	5 238	31.52	185 707.08	5 590	12.49	93.70
5月	214 990.04	5 875	36.59	241 288.79	6 302	11.98	93.22
6月	275 873.90	8 140	33.89	312 445.41	8 713	13.44	93.42

表4-1-2　某店铺支付数据分析结果

分析维度	各月数据变化趋势	数据异常的月份	引起数据异常的原因
支付金额			
客单价			
下单买家数			
支付转化率			

2. 查看交易构成

单击"交易"中的"交易构成"，选择查看时段，查看店铺终端构成、类目构成、价格带构成情况。

 做一做

查看某店铺交易构成，分析各叶子类目的交易数据，将排名最靠前的数据填写在表4-1-3中，同时写出结论（即支付金额及支付买家数最多的叶子类目）。

表4-1-3　交易类目构成分析表

终端	支付金额		支付买家数	
	支付金额最高的叶子类目	支付金额第二高的叶子类目	买家数最多的叶子类目	买家数第二多的叶子类目
所有终端				
PC端				
无线端				
结论				

3. 查看交易明细

单击"交易明细"即可查询到具体的财务数据。

知识窗

在数据分析过程中，通常情况下需要使用多种数据分析方法对数据进行分析，包含对比分析法、分组分析法、结构分析法、留存分析法、交叉分析法、漏斗分析法、矩阵分析法、象限分析法、趋势分析法、指标分析法、综合评价分析法。

ZHISHICHUANG

文档

某无线端店铺流量来源统计表

二、分析流量数据

在对流量进行分析时，既要查看店铺的总体流量情况，还要查看具体的流量来源、商品流量及人群特性。请参照新品推广中的流量数据分析方法分析现阶段流量来源、流量排行、人群特征等数据。

 做一做

请查看并分析店铺近一周的流量，将访客最多的时段记录在表4-1-4中。

表4-1-4　访客数据统计表

终端	访客最多的时段
所有终端	
PC端	
无线端	

 **运营实战**

请打开无人机店铺后台管理页面，查看店铺近30天的交易数据及流量数据，并分析引起数据变化的原因，将相关信息填写在表4-1-5中。

表4-1-5　无人机交易数据及流量数据分析表

序号	类别	数据详情	引起数据变化的原因分析
1	PC端流量		
2	移动端流量		
3	流量主要来源		
4	商品销售排行榜		
5	商品排行榜		

三、分析客户数据

1. 查看客户数据

对客户数据进行分析,可以分析得出买家的购买力、兴趣爱好、年龄段、性别比例等信息,也可以查看到买家的行为等数据,在生意参谋中,单击"客户"即可查看客户数据,请将查询到的信息填写在表4-1-6中。

表4-1-6　客户数据统计表

数据维度	数据信息
性别占比	
年龄占比	
职业占比（前三）	
学历占比	
地域分布占比（前三）	

想一想

对人群进行深入分析,对店铺运营推广有何作用？请将答案写在下面的横线上。

_____

2. 客户旅程分析

单击"生意参谋"→"客户"→"旅程分析",可以看到客户在店铺中的动作统计数据,从图4-1-4可以看出,浏览店铺的绝大多数客户会直接进入商品详情页购物,而未浏览店铺的其他商品。

图 4-1-4　京东电商平台搜索页

做一做

表4-1-6为店铺的粉丝数量统计表,分析店铺的粉丝构成,作为卖家,你将采取哪

些措施，增加活跃粉丝数量、减少沉睡粉丝数量？请将你的措施填写在表4-1-7中。

表4-1-7　店铺粉丝数量统计表

粉丝类型	活跃粉丝数	普通粉丝数	机会粉丝数	沉睡粉丝数
粉丝数量/占比	303/18.24%	21/1.26%	705/42.44%	632/38.05%
措施				

 **运营实战**

请分析无人机店铺的客户数据信息，将客户人群分布、年龄分布、职业分布、区域分布、价格带分布等信息填写在下面的横线上。

_____

活动二　竞品数据分析

宜品电商团队深入分析了自己店铺的数据，现在需要分析竞店、竞品数据，以便找出自己与竞争对手的差异。开展竞品数据分析的操作步骤如图4-1-5所示。

图 4-1-5　竞品数据分析流程图

一、竞店分析

在运营店铺的过程中，需要分析竞店的数据，对比分析竞店的销量、流量、客群、品类等数据，了解竞店的运营策略等信息。

微课

竞店分析

1. 查找竞店

（1）进入淘宝网站首页，输入关键词，在搜索页面找出和自己店铺经营类目相似的店铺。图4-1-6所示是以"自热火锅"为关键词搜索后的结果，在宝贝的详情页下显示了店铺名称。选择销量好、类目相似的店铺作为竞店。

图 4-1-6　自热火锅搜索页面

 做一做

请在淘宝网中查找竞店，将你确定的竞店名称、竞店的宝贝类目，以及确定为竞

店的原因填写在表4-1-8中。

表4-1-8　竞店一览表

序号	竞店名称	竞店的宝贝类目	确定为竞店的原因
1			
2			
3			

（2）在店铺后台的生意参谋中，单击"竞争"→"竞店分析"→"竞店配置"，单击"+"将确定的竞店添加到"监控店铺列表"中，如图4-1-7所示。

图4-1-7　配置竞店页面

2. 分析竞店数据

（1）竞店指标数据分析。单击"竞争"→"竞店分析"，选择竞店，然后查看某时段的数据，图4-1-8所示为两个店铺30天的流量数据。从图中可以看出，两个店铺的流量总体相对稳定，本店流量一直较多，竞店1流量较低，但在3月1日，竞店1的流量突然猛增，超过了本店流

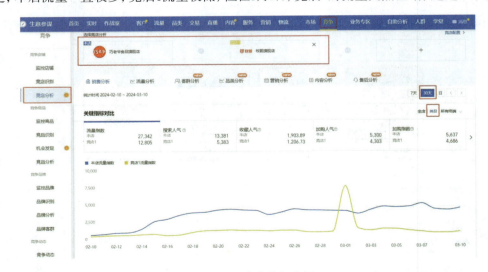

图4-1-8　竞店数据分析

量,这就需要我们分析流量增加的具体原因。

(2)竞店商品榜分析。关键指标中,有销售分析、流量分析,从图4-1-9可以看出,两个店铺中都有商品交易指数特别多的几个商品,这种情况,我们需要分析具体是什么原因导致数据异常变化。

图 4-1-9　竞店商品排行榜分析

运营总监点拨

在电商平台中,所有商家都在互相竞争,为争取更多的流量和资源,必须分析清楚竞争对手的策略,分析竞品的好处如下:

- 洞察消费者的反馈与淘宝市场表现,验证需求的真实性,快速挖掘竞品爆款的亮点,为店铺运营推广提供决策依据。
- 了解竞品的优劣势,取长补短,差异化运营,分析消费者关注点,指导产品服务的改良与创新。

YUNYINGZONGJIANDIANBO

二、竞品分析

在对竞品进行分析时,需要有针对性地对竞店中的竞品进行分析。接下来根据前面确定的竞店,采集竞店中的竞品数据进行分析。

1. 采集竞品数据

在淘宝网中,输入竞店名称,进入店铺,采集竞品相关数据填写在表格中,表4-1-9为竞品的部分数据(为了取得更准确的效果,可以采集更多维度的数据)。

表4-1-9　竞品数据采集表

序号	店铺名称	商品名称(标题)	净含量/g	标价/(元·盒⁻¹)	月销量	SKU数量	推广措施	主图	详情图	详情视频
1	小龙坎旗舰店	小龙坎自热火锅小火锅自助懒人方便速食嗨食品即食宿舍麻辣烫自煮	418	14.9	3 000+	19	满20减5超级U选买2送2	加入人气品牌奖	图片清晰,卖点明显	30 s视频,注重产品材质

续表

序号	店铺名称	商品名称（标题）	净含量/g	标价/（元·盒⁻¹）	月销量	SKU数量	推广措施	主图	详情图	详情视频
2	小龙坎旗舰店	小龙坎自热小火锅3盒装自煮懒人速食即食牛肉鸡翅自助自热锅宽粉	418	15.9	500+	22	满20减5多味组合	添加字样：经典热销、明星单品	图片清晰，卖点明显	30 s视频，注重产品材质
3	自嗨锅旗舰店	自嗨锅旗舰店自煮自热小火锅麻辣牛肉肥牛自热火锅速食红唇香锅	193	24.9	5 000+	18	10元优惠券	添加字样：自热锅自热过程详尽	卖点挖掘，口味能吸引买家，微麻微辣	30 s视频，注重自热后的食品效果
4	巧老爷食品旗舰店	重庆自热小火锅速食懒人方便自助火锅一箱麻辣烫批发10盒自热速食	230	6.59	1 000+	14	1元优惠券	添加字样：工厂直供，整箱批发	卖点挖掘，商品特点明显	无

2. 分析竞品数据

在分析竞品数据时，根据采集的数据维度有针对性地分析数据。针对表4-1-9中的数据，可以从标题、重量、价格、销量、促销活动、主图设计、详情页设计等维度来对竞品进行分析，分析结果见表4-1-10。

表4-1-10　竞品数据分析结果

分析维度	分析结论
标题	前三个商品用自己的品牌影响力来吸引买家，而后一个商品用低价来吸引买家
重量	在几个商品中，自嗨锅的重量最轻，其次是巧老爷店中的商品
价格	自嗨锅重量最轻，但价格最贵，它的成分是肥牛火锅；巧老爷家的产品最便宜
销量	自嗨锅销量最高，说明品牌具有一定的知名度，销量和品牌的宣传分不开；巧老爷的产品虽然价格最低，但销量却不是最高的
促销活动	通过满减、优惠券开展促销，价格高的产品优惠多，价格低的产品优惠少
主图设计	自嗨锅通过自己的品牌影响力及销量吸引买家，而巧老爷则通过工厂货源来吸引买家
详情页设计	各产品的设计都很符合买家的习惯

3. 分析搜索关键词

在生意参谋中的搜索排行中，单击该类目下的"火锅/肉类/米饭类速食"→"自热火锅"，查看自热火锅的搜索排行，单击"搜索词"，查看搜索结果，如图4-1-10所示。

搜索词	热搜排名	搜索人气	点击人气	点击率	支付转化率	操作
自热火锅	1	7,899	5,258	66.06%	14.07%	搜索分析　人群分析　品类机会
自热小火锅	2	6,789	4,496	63.45%	10.83%	搜索分析　人群分析　品类机会
莫小仙	3	5,498	3,034	54.65%	11.60%	搜索分析　人群分析　品类机会
海底捞自煮火锅	4	4,989	3,424	62.66%	10.79%	搜索分析　人群分析　品类机会
海底捞自热火锅	5	3,234	2,241	62.37%	12.89%	搜索分析　人群分析　品类机会
海底捞官方旗舰店	6	3,038	1,724	68.26%	12.60%	搜索分析　人群分析　品类机会
自嗨锅自热火锅	7	2,797	1,941	65.11%	9.93%	搜索分析　人群分析　品类机会
自热火锅小火锅	8	2,262	1,569	66.93%	13.75%	搜索分析　人群分析　品类机会
莫小仙自热小火锅	9	2,053	1,318	69.45%	11.20%	搜索分析　人群分析　品类机会
莫小仙自热火锅	10	1,707	1,203	64.49%	20.19%	搜索分析　人群分析　品类机会

每页显示 10 ∨ 条　　　　　　　　　　　〈上一页　**1**　2　3　4　5　…　10　下一页〉

图4-1-10　搜索词排行

做一做

请分析图4-1-10中的搜索词数据，你有什么结论？请写在下面的横线上。

_____

运营实战

请对无人机店铺做竞品数据分析，首先选择竞店及竞品，然后再查看并记录竞品销量和价格，最后再从竞品的标题、重量、价格、销量等维度分析竞品数据，将得到的结果填写到表4-1-11中。

表4-1-11　无人机竞店与竞品数据分析

竞店名称	竞品名称	竞品销量	竞品价格	竞品数据分析

活动三　制订爆款打造营销方案

通过前面的店铺数据分析和竞品数据分析，发现店铺的商品有一定的销量，商品也有市场前景，团队决定先将自热火锅打造成爆款。为了更好地实施营销，团队将制订推广方案，操作步骤如图4-1-11所示。

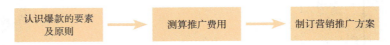

图 4-1-11　制订爆款打造营销方案的流程图

一、认识爆款的要素及原则

1. 爆款的要素

在打造爆款前，先需要选品（即确定将哪款产品打造成爆款）。在选品时需要明确爆款选品的要素，见表4-1-12。

表4-1-12　**爆款选品要素**

爆款要素	详细描述
上升趋势	本行业中产品的销量呈上升趋势，用户对产品的需求会越来越多
需求量大	需求量大的产品是大多数用户都需要的产品，刚需产品是需求量最大的产品
复购率高	反复多次购买的产品
性价比高	物美价廉的产品
竞争对手少	竞争对手=产品数/卖家数，其值越大，竞争对手越少，即销售该类产品的卖家少

2. 爆品打造原则

爆品打造必须遵守四个原则：目标准、产品好、市场对、引爆快。

• 目标准。一是要深度洞察客户的需求；二是要锁定目标客户群体；三是要迅速抢占用户心智。

• 产品好。产品要能够为用户带来核心价值，需要深入挖掘产品的卖点。

• 市场对。选择的产品有一定的市场需求。

• 引爆快。通过推广能快速形成爆款。

二、测算推广费用

在预算推广费用时，需预测投入产出比，即计划投入多少费用，期望获得多少回报。投入产出比是根据各卖家的评价体系来确定的，一般而言，包含访客数、转化率、成交额、利润等。

1. 店铺流量关系图

店铺流量的多少，直接影响店铺的销售额、客单价、单数等数据，流量与其他指标的关系如图4-1-12所示。

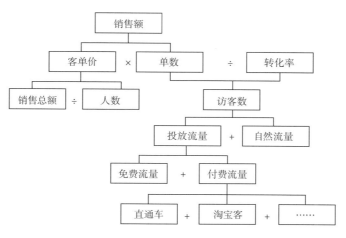

图 4-1-12　流量关系图

2. 利润测算

在测算推广费用时, 假设商品的客单价为36元, 具体成本、利润及行业转化率见表4-1-13。

表4-1-13　某商品的成本、利润数据

客单价	成本				总成本	毛利润	行业转化率/%
	产品成本	发货成本	其他成本	优惠券			
36	23	1.8	5	1	30.8	5.2	10

店铺在推广过程中, 运营人员需要计算推广成本及利润等数据。为了帮助大家理解推广的利润及成本, 这里假设自然流量占比、自然流量转化率、淘宝客流量占比、淘宝客转化率、直通车流量占比、直通车转化率, 见表4-1-14。

表4-1-14　某店铺流量占比情况表

总流量	自然流量占比/%	自然流量	自然流量转化率/%	淘宝客流量占比/%	淘宝客流量	淘宝客转化率/%	直通车流量占比/%	直通车流量	直通车转化率/%
1 000	20	200	3	40	400	8	40	400	10
2 000	22	440	3	39	780	8	39	780	10
3 000	24	720	3	38	1 140	8	38	1 140	10
4 000	26	1 040	3	37	1 480	8	37	1 480	10
5 000	28	1 400	3	36	1 800	8	36	1 800	10

做一做

假设淘宝佣金为5%，直通车点击费用为0.36元/次,根据表4-1-12和表4-1-13中的成本、利润、转化率，计算表4-1-15中的成交单数、淘宝客成交单数等数据。

表4-1-15 推算推广费用及利润

自然流量利润：5.2　　　　　淘宝客佣金：5%（即36×0.05=1.8）　　　　　直通车点击费用：0.36

总流量	自然流量	成交单数	淘宝客流量	淘宝客成交单数	淘宝客推广费用	直通车流量	直通车成交单数	直通车点击费用	毛利润	推广费用	利润
1 000	200		400			400					
2 000	440		780			780					
3 000	720		1 140			1 140					
4 000	1 040		1 480			1 480					
5 000	1 400		1 800			1 800					

3. 推广费用计算

团队为了计算各推广方式的收益，现决定投入500元/天作为淘宝客和直通车推广总费用，为了不盲目投入，现在需要测算，淘宝客和直通车各投入多少费用才能使利润最大化，通过计算得到的结果见表4-1-16（假设总流量为10 000，直通车推广点击30次能增加1%的自然搜索流量，淘宝客成交50单能增加1%的搜索流量）。

表4-1-16 淘宝客与直通车推广模拟数据

总流量	原自然流量/%	淘宝客增加流量/%	直通车增加流量/%	总流量/%	成交金额	淘宝客推广费用	淘宝客流量	淘宝客成交单数	淘宝客成交金额	直通车推广费用	直通车点击次数(流量)	直通车成交单数	直通车成交金额	总利润
10 000	3	1	4	8	29 014	100	1 250	63	3 600	400	1 143	114	4 114	3 691
10 000	3	2	4	8	29 229	120	1 500	75	4 320	380	1 086	109	3 909	3 722
10 000	3	2	3	8	29 443	140	1 750	88	5 040	360	1 029	103	3 703	3 753
10 000	3	2	3	8	29 657	160	2 000	100	5 760	340	971	97	3 497	3 784
10 000	3	2	3	8	29 871	180	2 250	113	6 480	320	914	91	3 291	3 815
10 000	3	3	3	8	30 086	200	2 500	125	7 200	300	857	86	3 086	3 846
10 000	3	3	3	8	30 300	220	2 750	138	7 920	280	800	80	2 880	3 877

为了分析出淘宝客与直通车各投入多少推广费用达到的收益最大，这里从淘宝客投入100元、直通车投入400元开始计算，淘宝客的推广费用每次增加20元、直通车的推广费用每次减少20元，根据每次的推广费用计算结果，发现当淘宝客花费220元、直通车花费280元时，推广效果达到最佳，因此，就可以决定在淘宝客上投入220元/天、直通车上投入280元/天。

 **温馨提示**

店铺开展推广的最终目的是引流，无论是使用付费推广还是免费推广，其最终都期望能增加店铺的流量，提高店铺的转化率。表4-1-16中模拟使用500元作为推广费用，其中淘宝客和直通车分别使用其中一部分费用，从推广结果看，当淘宝客花费220元、直通车花费280元推广费时，店铺的销量、流量、利润达到最高。这里只是使用了一些数字进行模拟，在店铺经营过程中，需要运用相同的思路，根据店铺的实际数据来测算推广的效果，同时推广费用的使用还需要根据推广数据的变化进行适时调整。

三、制订营销推广方案

根据前面的分析，团队制订的爆款打造营销方案见表4-1-17。

表4-1-17　爆款打造营销方案

推广产品	自热火锅	总推广费用	500元/天
计划推广时长	10天	推广目的	流量持续上升，销量、转化率等数据保持稳定上升
推广方式1	淘宝客推广，推广费用：220元		
推广方式2	直通车推广，推广费用：280元		
其他说明	尝试开展信息流推广，积极开展直播推广		

 运营实战

根据无人机的销售情况，请制订无人机产品的推广方案，填写在表4-1-18中。

表4-1-18　无人机爆款营销方案

推广产品		总推广费用	
计划推广时长		推广目的	
推广方式1			
推广方式2			
其他说明			

[任务二] No.2

付费推广

◆ 任务描述

按照自热火锅的营销推广计划,接下来宜品电商团队将在店铺中开展付费推广。团队除开展淘宝客推广与直通车推广外,还参加了信息流推广,通过多种推广方案提高产品的销量,增加店铺的流量,提高店铺的利润。

◆ 任务实施

活动一　淘宝客推广

在淘宝联盟平台中,可以发现各个类目都有商品在开展淘宝客推广,同时可以看到各个商家推广的具体商品、佣金比例、销量等数据,也可以看到有些推广属于通用计划推广,有些推广属于定向计划推广。基于店铺的实际情况,为了使淘宝客推广效果达到最佳,团队决定先创建一个通用推广计划推广自热火锅。开展淘宝客推广的操作步骤如图4-2-1所示。

图 4-2-1　开展淘宝客推广的流程图

一、确定佣金比例

淘宝客佣金是卖家支付给淘宝客的推广费用。在淘宝联盟中,佣金是按买家支付费用(除运费外)的百分比来支付的,佣金比例直接影响了淘宝客推广的参与度,同时也影响店铺的销售利润。

1. 查看佣金比例

在浏览器中,输入淘宝联盟网址,使用淘宝账号登录网页,单击 "我要推广"→"选品广场",进入选品广场,选择要推广的产品,在这里可以看到其他商家设置的佣金比例。

在搜索引擎中输入关键词"自热火锅小火锅",单击"搜索"按钮,可以看到这个类目下的所有推广商品。在搜索页面中,可以通过销量、价格、佣金等方式查看商品的推广情况,图4-2-2所示为按日销量从高到低排序的结果。图4-2-2中,从佣金比例看,有三个商品的佣金比例为1.35%,有一个商品的佣金比例为4.53%;从月销量看,佣金比例为1.35%的商品月销量在3万+以上。

💡 想一想

如果你是一名淘宝客,参照图4-2-2中的数据维度,在选择推广商品时,你会考虑商品的哪些因素?将你的答案写在下面的横线上。

图 4-2-2　"自热火锅"淘宝客推广搜索页

2. 确定佣金比例

（1）在淘宝联盟网站中，通过搜索关键词"自热火锅"查看淘宝客推广页面，分析竞品的佣金比例、推广数据及月销量，将相关数据填写在表4-2-1中。

表4-2-1　淘宝客推广销量及佣金分析

按销量排序			按佣金比例高低排序		
月销量	佣金比例	推广商品数量	佣金比例	推广商品数量	最高月销量
1万+以上			15%以上		
5 000~10 000			10%~15%		
2 000~5 000			8%~10%		
1 000~2 000			5%~8%		
500~1 000			3%~5%		
0~500			0.1%~3%		
月销量最高的佣金比例范围			月销量最高的佣金比例范围		

（2）确定本商品的佣金比例。商品的佣金比例需要根据店铺或商品的推广目的及店铺的销量来确定，可以参考表4-2-2的比例来设置商品的佣金，当然表中的比例也不一定适合所有商品，运营人员需要根据具体情况做调整。

表4-2-2　淘宝客佣金比例参考表

商品的销量	推广目的	参考佣金比例/%	适合对象
销量高	增加销量	0.1~10	大部分商品
销量较高	增加曝光量	10~15	单件利润较高的商品、冲量的商品

续表

商品的销量	推广目的	参考佣金比例/%	适合对象
销量一般	增加曝光量	15~20	新商品
销量较低	增加曝光量	20~25	提升人气的商品

 做一做

分析淘宝联盟平台中的淘宝客数据后，所选推广产品的佣金比例应设置在哪个范围？这样确定的理由是什么？请将答案写在下面的横线上。

知识窗

淘宝客推广是一种按成交计费的推广模式。淘宝客从推广专区获取商品代码，任何买家经过淘宝客的推广链接进入淘宝卖家店铺购买商品后，就可以得到由卖家支付的佣金。

佣金=(实际成交金额-邮费)×佣金比例

淘宝客推广流程如图4-2-3所示。

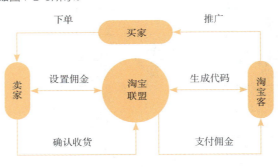

图 4-2-3　淘宝客推广流程

ZHISHICHUANG

二、创建淘宝客推广计划

在淘宝客推广时，可以创建通用推广计划，也可以创建定向推广计划，这里以创建通用计划为例来介绍创建淘宝客推广计划的方法。

（1）新建营销计划。在生意参谋管理平台中，单击"推广"→"淘宝联盟"→"自主推广"，这里选择"通用计划"，然后单击"添加主推商品"，如图4-2-4所示。

（2）设置佣金比例。添加主推商品后，设置推广时间段及佣金率，如这里选择的是8月8日—8月31日，佣金率设置为20%，然后单击"保存设置"按钮，如图4-2-5所示。

（3）创建完计划后，可以通过编辑修改佣金。

（4）在推广页面中查看推广数据。

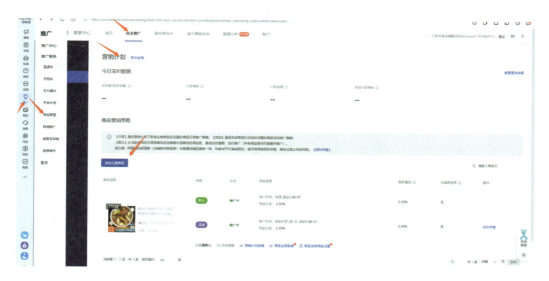

图 4-2-4 创建通用计划

图 4-2-5 设置佣金比例

 做一做

请按2.25%的佣金比例创建一个定向计划，并联系淘宝客开展推广。

知识窗

在淘宝客推广中，现有四种推广计划，分别是通用计划、营销计划、定向计划、自选计划，下面介绍这四种推广计划的异同。

- 通用计划：按类目设置佣金比例的推广计划。
- 营销计划：无任何门槛的推广计划，任何人都可以参与推广。
- 定向计划：针对定向人群设置的推广计划，一般面向优质淘宝客、长期合作的淘宝客开展定向计划。
- 自选计划：根据淘宝客的情况自行挑选淘宝客推广。

定向计划与自选计划都需要手动选择淘宝客推广人员。

ZHISHICHUANG

温馨提示

淘宝客推广计划一旦创建，不可修改。如果觉得佣金比例不适合，可以删除计划后再重新创建推广计划。

运营总监点拨

在淘宝客推广过程中，吸引淘宝客的不仅是佣金比例，更重要的是产品的销量，如果产品的受众人群广，那么淘宝客可以低佣金推广商品。

作为商家，制订淘宝客佣金时，需要认真测算数据，根据不同的推广目的制订不同的佣金比例，这样才能得到理想的推广效果。

YUNYINGZONGJIANDIANBO

活动二　直通车推广

宜品电商团队通过选品、测款，最后选择了其中一款自热火锅开展直通车推广。团队决定，直通车出价高于同行业直通车的平均出价，以提高搜索排名，在推广过程中根据情况适当降低直通车出价，以降低直通车推广成本。开展直通车推广的操作步骤如图4-2-6所示。

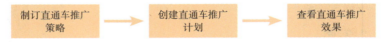

图 4-2-6　直通车推广流程图

一、制订直通车推广策略

直通车是淘宝平台的广告工具，直通车推广既可提高转化率，也可提高曝光量（即种草价值）。直通车推广是根据购买者行为路径：曝光—点击—浏览—收藏加购—成交—评价六个步骤来提升关键词权重的（通过成交提高关键词排名），其目的是为卖家带来更多的免费流量。直通车展位是标识有"掌柜热卖"字样（PC端）的位置和"广告"字样（移动端）的位置。

1. 直通车推广策略

直通车推广策略见表4-2-3。

表4-2-3　直通车推广策略

策略	具体描述
精准选择关键词	①选择与产品属性、类目相符的词语，并且添加长尾词； ②选择10~20个关键词
精准选择人群	①重点对象：收藏、加购过店内商品的访客； ②优质访客：浏览过和购买过同类店铺商品的访客； ③符合条件的访客：对产品客单价、访客性别以及年龄进行筛选，选择出符合条件的访客
精准地域选择	选择成交情况好的区域人群

2. 直通车推广费用计算

直通车推广花费=下一名出价×下一名质量分/自己的质量分+0.01元

做一做

假设该关键词有A、B两个商家出价，A的质量分为10分，出价2.5元；B的质量分8分，出价为3元，请问哪一个商家获得了展位，花费是多少元？将计算过程及结果写在横线上。

_____

想一想

直通车推广花费和哪些因素有关？怎样降低直通车推广花费？

知识窗

直通车推广是按点击（CPC）付费的营销推广工具。直通车的花费=下一名出价×下一名质量分/自己的质量分+0.01元，但在实际推广过程中，实际花费还涉及时间折扣和溢价，溢价包含人群溢价、抢位溢价、智能调价溢价。

例：某关键词出价0.72元，分时折扣为90%，智能调价溢价为30%，人群溢价为40%，抢前两位溢价为100%。

则最终出价为：

$$0.72×90%×(1+30%)×(1+40%)×(1+100%)=2.36元$$

若未抢到前两位，则出价为：

$$0.72×90%×(1+30%)×(1+40%)=1.18元$$

若不符合智能拉新人群范围，且抢到前两位，则出价为：

$$0.72×90%×(1+30%)=0.84元$$

直通车出价≠花费，在直通车推广时，做好计划，做到精打细算，这样才能获得理想的收益。

ZHISHICHUANG

二、创建直通车推广计划

1. 新建"标准推广"计划

（1）单击"生意参谋"→"推广"→"直通车"，进入直通车推广界面，如图4-2-7所示。

（2）单击"新建推广计划"，选择"标准推广"，再填写计划名称"自热火锅6盒"、日限额"100元"，接下来添加推广宝贝，将之前确定开展直通车推广的宝贝添加进来即可，如图4-2-8所示。

温馨提示

在开展直通车推广的过程中，需要查看直通车推广的效果是否达到预期，为了验证计划的实施效果，开始时，日限额可以低于计划费用，再根据推广的效果逐渐增加日限额。

图 4-2-7　添加直通车推广页面

图 4-2-8　添加直通车推广单元计划

2. 添加关键词

添加宝贝之后，单击"关键词设置"中的"更多关键词"，单击"词推荐"，在"搜索词联想"中输入"自热火锅小火锅"，从搜索出的关键词中选择和自己产品相关、类目相关的词语，单击对应词语前的方框即选择了该词，如图4-2-9所示。

3. 设置推广人群

在人群设置处，单击"更多精选人群"，进入人群设置页面设置人群信息。

图 4-2-9 添加关键词

（1）设置人群基础信息。在自定义添加处，可以添加人群信息，如性别、年龄、城市、职业等，设置完成后单击"确认添加"。

（2）设置溢价信息。对于精准人群可以根据情况添加溢价。

所有设置完成后单击"确认添加"即添加了一个推广计划。

知识窗

在直通车推广中，包含智能推广和标准推广。

智能推广：由卖家选择推广宝贝、创意和出价，系统根据一定的机器算法，面向不同的人群，精准投放相对应的宝贝。

标准推广：系统会根据投放设置正常展现卖家的推广，有可能过早到达日限额而提前下线。在选择直通车推广方式时，根据自己的需要做选择。

ZHISHICHUANG

三、查看直通车推广效果

根据设置的直通车推广计划，每天均需要查看推广的效果。图4-2-10所示为直通车推广页面，可以看到直通车推广的点击量、点击率、花费等数据，根据这些数据分析直通车推广的效果。

 **运营实战**

请制订无人机店铺直通车推广策略，将推广策略的具体内容填写在表4-2-4中，完成后再创建直通车推广计划。

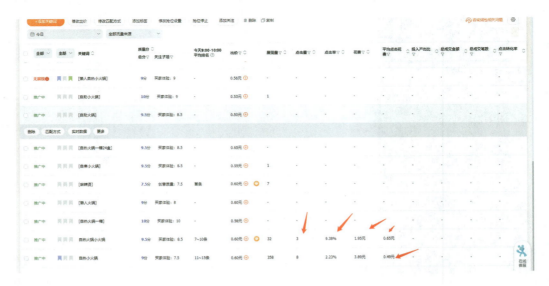

图 4-2-10　直通车推广效果页面

表4-2-4　无人机店铺直通车推广策略

策略	具体内容	出价	溢价
精准选择关键词			
精准选择人群			
精准地域选择			

活动三　信息流推广

团队经过淘宝客和直通车推广后,吸引了站内流量,店铺流量得到了增加,销量也得到了增加。面对多样化的信息渠道,团队决定在站外开展信息流推广,开展信息流推广的操作步骤如图4-2-11所示。

图 4-2-11　信息流推广的流程图

一、制订信息流推广策略

为了制订出信息流推广的策略,团队决定先分析信息流展现的渠道,再确定具体的推广创意,最后再实施推广。

1. 信息流展现渠道分析

在信息爆炸时代,出现了各类信息渠道,如抖音、百度、今日头条、微博等,部分信息渠道见表4-2-5。

表4-2-5　信息流展现平台分析

平台	具体描述
百度	百度有着强大的搜索引擎，其用户体量庞大，百度贴吧、百度首页、百度手机浏览器等平台都穿插了展现的广告
今日头条	资讯类信息流平台，用户量大且在线时间长
微信公众号	信息推广公众号，能基于粉丝开展精准推广
抖音	短视频平台，用户体量大，记录了用户的行为数据，能对精准人群做定向推广
微信短视频	借助微信庞大的用户数，记录的用户行为数据可实现精准人群定向推广
微博	基于用户属性和社交关系的平台，能将广告精准地传递给粉丝和潜在粉丝
哔哩哔哩	基于视频推广的平台，用户体量大

 做一做

选择3~5个平台推广广告，请将你选用的平台填写在下面的横线上。

_____

2. 确定信息流推广方式

在众多的平台中，团队决定通过图文类及视频类广告推广商品，初步决定选择表4-2-6所示的信息流推广平台。

表4-2-6　拟选信息流推广平台

信息流推广平台	广告形式	具体描述
百度信息流	图文类广告	通过百度信息流有针对性地进行精准推广，将产品链接放入文本中
今日头条	图文类广告	发布图文创意到网站中
抖音短视频	视频类广告	制作短视频通过视频号推广，将视频广告嵌入短视频中

想一想

你平时在网页和视频中看到过哪些信息流广告？

3. 受众人群定向策略

信息流主动推送机制是在用户意图不明确的情况下主动推送的，所以要求推送的时间和精度非常高，需要进行客户人群画像，这样可以做到精准人群推广。根据前面直通车人群画像的数据，确定信息流推广的人群画像，将受众人群信息填写在表4-2-7中。

表4-2-7　信息流推广人群定向策略

定向策略维度	具体描述	定向策略
定向推广时间	根据消息者的行为时间确定	
定向推广区域	根据消息者的地理位置确定	
定向推广人群	根据人群的性别、年龄、文化层次、职业、收入水平等确定	
定向推广兴趣	根据消息者的兴趣爱好确定	
新客定向	根据消息者的购物意向确定	

4. 确定推广费用

不同平台的推广费用是不同的。信息流平台收费有两种方式：一种是按曝光量收费（CPM），一种是按时长收费（CPT）。按曝光量收费的广告，其广告位不固定，而按时长收费可以购买固定广告位播放广告。店铺运营人员需要先查询具体的收费标准，再决定投放的平台。

知识窗

信息流广告一般采用实时竞价机制，即按当前时间出价高低确定展示的广告，使信息流广告实现智能化、精准化、实时性投放。

信息流推广有三种实时竞价机制，分别是触发机制、排名机制、竞价机制。

触发机制：广告被用户点击后收费。

排名机制：按每1 000次获得的广告收入（ECPM）排名，排名越靠前，广告越先被推送。

计费机制：遵循下一名计费机制。按下一名的ECPM+0.01元。

ZHISHICHUANG

5. 制订信息流推广方案

在开展信息流推广前，结合前面的内容，制订信息流推广方案。推广方案的示例见表4-2-8。

表4-2-8　自热火锅信息流推广方案

推广平台	今日头条、微博、抖音、微信短视频等
推广目标	①增加站外流量来源，每天新增1 000个访客以上； ②增加站外访客销量，每天增加30单以上
推广人群	主要面向18~25岁青年男女
推广方式	图文推广+短视频推广
推广费用	××元
推广时段	每天10：00—11：00、17：00—18：00、21：00—22：00，每次10天，共3次
推广创意制作人员	×××
创意完成时间	××

二、落实信息流推广创意

推广创意与信息流推广的效果息息相关,推广创意若能抓住消费者的痛点,就能吸引消费者的眼球,进而产生点击、交易。

1.推广创意制作策略

（1）创意的呈现策略。

无论是图文类还是视频类广告,广告的创意都非常重要,直接决定了点击率。信息流广告在呈现样式上各不相同,主要包含以下几种：文字+小图展现样式、文字+大图展现样式、文字+多图展现样式、文字+视频展现样式。

 做一做

请分析三个信息流广告呈现样式,将你的分析结果写在下面的横线上。

_____

（2）商品的创意制作策略。

自热火锅商品将采用"文字+多图"及"文字+视频"的展现方式,因此需要制作商品图片、商品视频,同时还需要提炼广告文字。

2.挖掘消费者的痛点

为了挖掘消费者的痛点,这里运用"马斯洛需求层次理论"挖掘消费者痛点,从生存、效率、价格、角色、精神五个方面进行分析,分析结果见表4-2-9。

表4-2-9　自热火锅消费者痛点

维度	具体描述	分析结果
生存	发生影响用户生命和财产的问题	美味又时尚,欢乐齐分享
效率	由于不方便、不便捷、复杂烦琐造成的"痛点"	自热火锅,让你免去出门的烦恼
价格	用户要的不是便宜,而是"占便宜"	美味火锅哪里找?还是自热火锅好!好吃方便超值,吃了还想来!现在买三送一!
角色	我消费什么,我就是谁	吃自热火锅,品味青年人的生活
精神	实现自我精神满足与完善	给予你家的味道,温暖的感受在一菜一汤中,自然好火锅

3.制作图文创意

结合上面的创意,制作自热火锅的图文创意,如下所示。

自热火锅,品味青年人的生活

青年人最快乐的事,就是吃一顿火锅,比吃一顿火锅更快乐的事,就是可以不用出门,也能吃上一顿火锅。一个会自热的锅就能帮助你实现这个愿望,只要你想吃火锅,随时随地都能吃,不用火,不用电,只要一瓶冷水,随时随地都能"烫"出美味的火锅。

美味火锅哪里找?只要点击链接就能买到!简餐≠将就,阵容豪华,堪比"大餐",美味还便宜!现在买三就送一!（图4-2-12）

图 4-2-12　商品创意图

4. 制作视频创意

在设计视频创意时，要求视频满足封面图吸睛、片头5 s抓人、脚本真实、有创意、音乐与内容匹配、符合广告法的要求，同时视频时间也不能太长，时间过长，就会给人冗长的感觉。

（1）设计视频脚本

视频脚本的内容包含以下7个内容，从视频的拍摄场地、镜号、画面内容、景别、音乐、台词、时长等方面做详细的规划。

 做一做

请制作视频脚本，将内容填写在表4-2-10中。

表4-2-10　视频创意脚本模板

主题： 内容：（商品卖点、消费者痛点、行动建议）						
拍摄场地	镜号	画面内容	景别	音乐	台词	时长

（2）制作创意视频

视频素材拍摄完后，按视频制作脚本制作视频，可以使用Premiere等视频制作软件合成为一个完整视频，这里不详细阐述操作过程。

三、开展信息流推广

在创建信息流推广计划时，各个平台的资质要求、操作过程可能会不一样，在百度、今日头条等平台中，需要具有企业资质才能投放广告。信息流推广中主要包含以下几个模板的内容。

• 推广计划：对象、投放日期与时段、预算分配。
• 推广单元：推广版位、定向、付费模式与出价。
• 推广创意：创意生成方式、广告位、创意及链接等。

进入百度信息流推广平台，按操作流程依次完成以下操作：

（1）单击"推广管理"→"新建计划"，进入新建计划页面。

（2）设置推广单元，设置单元名称、版位信息、定向设置等内容。

（3）设置推广日期、推广时间。

（4）设置推广创意，选择创意列表，上传图片等。

（5）设置落地页，即链接到哪一个页面，就需要跳转到自己的商品详情页中，即将商品的网址链接到这里。操作完成后即可开展信息流推广。

 做一做

请以个人用户的方式，在微信朋友圈、今日头条、微博三个地方推送信息。请完成以下操作：

（1）在微信朋友圈推广信息。

（2）在今日头条中推广信息。

（3）在微博中推广信息。

［任务三］ No.3

直播推广

◆ **任务描述**

宜品电商团队了解到市场上大部分"自热火锅"类商品都是通过直播卖货。既可以宣传品牌，又可以实现销售转化，一举多得。宜品电商团队为了商品能在众多竞品中脱颖而出，决定收集素材，准备直播预热物料，通过多个渠道预热引流，最后完成整个直播流程，达到售卖目的。

◆ **任务实施**

活动一　直播预热

"好的开始是成功的一半"，直播成功的关键在于直播间汇聚大量流量。直播预热是使直播间汇聚流量的重要方式。直播预热的操作步骤如图4-3-1所示。

确定直播预热内容 ⟶ 准备直播预热物料 ⟶ 选择直播预热渠道 ⟶ 发布直播预告

图4-3-1　直播预热操作流程图

一、确定直播预热内容

直播预热的目的是与用户建立情感连接，调动用户的好奇心，将商品促销信息、优惠活动信息传递给用户，提高直播中的商品转化率。

在直播预热前，需要明确预热的内容。直播预热内容有四个要素：一是确定预热的具体时间，让用户明白心仪的产品在什么时间段直播。二是确定预热的主题，主题要简洁明了、有吸引力，让用户明确本场直播销售的核心。三是确定预热的主推商品，让用户明确本场直播销售的商品是什么。四是确定预热的福利，告知用户直播销售优惠活动，吸引用户准时进入直播间，只能在本场直播中获取的福利是用户愿意观看直播的主要原因之一。

图4-3-2　直播预热内容

直播预热内容的示例如图4-3-2所示。

做一做

为更清楚地向用户传递直播信息，请帮助宜品电商团队设计一份"自热火锅"的直播预热内容，并填写表4-3-1。

表4-3-1　直播预热内容

直播预热内容	直播时间	
	直播主题	
	主推商品	
	促销福利	

二、准备直播预热物料

在设计好直播预热内容后，宜品电商团队下一步将准备直播预热物料。

预热物料服务于预热内容，常见的物料分为三种：一是文案，某团队的直播预热文案如图4-3-3所示。二是图片，某团队的直播预热海报如图4-3-4所示。三是视频，某团队的直播预热短视频如图4-3-5所示。预热时可以采用文案、图片或视频，也可以将三者进行结合。

1. 预热文案

常见的预热文案形式主要包括：简单直接型、借势型、设置悬念型、抽奖福利型，见表4-3-2。在撰写预热文案时要注意：一是文案字数不宜过长，应简洁明了。二是抓住用户感兴趣的内容。三是不能使用《中华人民共和国广告法》中的禁用词汇。

微课

撰写直播脚本

8-7 20:40 来自 微博网页版

8月8号早10点#▇▇▇▇淘宝直播#全场福袋好礼、免单送不停，全天抽 100 个 88 元免单锦鲤，晚 20 点后每半小时抽取 888 元免单锦鲤~超多好物会员价，尽享 88 折上折，记得准时来看。

图 4-3-3 直播预热文案

图 4-3-4 直播预热海报   图 4-3-5 直播预热短视频

表4-3-2 常见的直播预热文案

预热文案形式	说明	举例
简单直接型	当直播选品比较受欢迎或有价格优势时，可直接展示部分直播产品，并预告部分产品的优惠	"疯了！今天火锅节嗨购整晚！自热火锅买一送一、买火锅送作料，更多惊喜锁定今晚8点！"
借势型	借名人势头、蹭热点话题，吸引粉丝或吃瓜群众的关注	"梦幻联动！今晚7点某明星来推广火锅做客直播间！还有沉浸式送牛肉丸！"
设置悬念型	设置引发用户好奇的话题或采用"放一半，存一半"的方式，勾起用户的好奇心	"家人们，今晚主打就是'省省省'！大牌火锅低至一折起！抢到就是赚到！"
抽奖福利型	通过抽奖、发放大额优惠券、送赠品等方式吸引用户	"今晚6点必蹲！直播前30分钟抽取大额优惠券，别说我没告诉你哦！"

2. 预热图片

预热图片主要有直播预热海报、直播产品清单图两种形式，见表4-3-3，示例如图4-3-6和图4-3-7所示。

表4-3-3 常见的直播预热图片形式

预热图片形式	说明
直播预热海报	①主图体现吸引用户的内容； ②突出本场直播的主题
直播产品清单图	①标明产品名称、图片、品牌、赠品、日常价格、直播间价格等信息； ②尽可能按照直播产品发布顺序或重点推荐产品依次排列

图 4-3-6　直播预热海报　　　图 4-3-7　直播产品清单图

想一想

宜品电商团队想要设计一张自热火锅的预热海报,海报应该包含哪些元素?

3. 预热短视频

常见的预热短视频形式:剧情植入式、真人出镜式、剧透福利式、直播片段式,见表4-3-4。

表4-3-4　常见的预热短视频形式

形式	具体描述
剧情植入式	当有一定粉丝基础时,在日常发布视频时植入直播预热,让用户在潜意识里记住要准时观看直播
真人出镜式	主播真人出镜设置直播悬念和通知用户具体开播时间
剧透福利式	在发布预热时提到直播间即将送出的福利和价格优惠,激发用户兴趣
直播片段式	将之前直播中有趣的片段截取下来,为本场直播造势引流

三、选择直播预热渠道

大多数主播通常会在各个渠道进行直播预热。一般来说,直播预热渠道常见的有三种:站内预热、站外预热、自有渠道预热,见表4-3-5。

表4-3-5　常见的直播预热渠道

预热渠道	优势	举例
站内预热	更精准地触达用户,观看直播的概率较大	微淘、逛逛、淘友圈等
站外预热	更大范围传播预热信息	抖音、小红书、微博等
自有渠道预热	更容易产生信任感	微信朋友圈、QQ空间、粉丝群等

知识窗

　　站内预热是指在直播平台上进行预热。用户在站内看见预热信息说明用户主要活跃在该平台，在该平台观看直播的概率较大。

　　站外预热是指在直播平台以外的自媒体平台进行预热。

　　自有渠道主要是个人社交平台，自有渠道触达已关注粉丝和私域流量，目标性较强，粉丝质量高。

ZHISHICHUANG

做一做

请列出你了解的可以进行直播预热宣传的平台，并将其填入表4-3-6中。

表4-3-6　直播预热平台

站内渠道	
站外渠道	
自有渠道	

四、发布直播预告

　　在直播预热内容、直播预热物料、直播预热渠道都确定好后，就可以正式发布直播预告了。在淘宝上发布直播预告的步骤如下：

（1）在浏览器中输入淘宝主播的网址，下载并注册"淘宝直播"App，如图4-3-8所示。

图4-3-8　淘宝主播首页

（2）在"淘宝直播"App首页里单击"直播日历"，如图4-3-9所示。

图4-3-9　淘宝直播日历

（3）在"直播日历"中选择日期后面的编辑符号，如图4-3-10所示。

（4）设置直播时间及其他基本信息后，完成预告的创建，如图4-3-11所示。

图 4-3-10　选择直播日期

图 4-3-11　创建淘宝预告

 运营实战

团队在学习了直播预热内容、直播预热物料、预热渠道、发布直播预告的方法后，决定发布一条"自热火锅"的直播预告。请结合"自热火锅"的产品特点，将直播预热的内容填写在表4-3-7中。

表4-3-7　直播预热步骤内容

步骤	内容	元素
选择直播时间		
标题		
直播简介		
选择频道栏目		
直播渠道		
上传图片		

运营总监点拨

对于直播来说,直播前预热是非常重要的环节,关系到直播流量的聚集和粉丝的关注量。在发布直播预热文案、视频、图片时,一定不要出现《中华人民共和国广告法》禁用词汇,如国家级、最先进、全网第一、中国第一等词汇。平时应该多了解相关法律,遵守法律,树立良好的法律意识。

YUNYINGZONGJIANDIANBO

活动二　直播执行

宜品电商团队已经完成直播前的预热工作,接下来进入直播执行环节。在直播过程中,团队主播需要掌握一定的直播营销话术,并配合互动环节,激发用户的参与感,活跃直播间氛围,同时要及时应对直播间的突发状况,维持直播间的秩序。直播执行的操作流程如图4-3-12所示。

图 4-3-12　直播执行的流程

一、直播开场

直播开场是非常重要的环节,用户进入直播间的前几秒能否被吸引,决定了他们是否留下继续观看直播,从而也会影响商品后期的转化率。所以直播开场是主播必须掌握的一个首要环节。直播开场的主要形式有主题介绍、问题导入、故事引导、借助热点、使用道具、福利优惠、数据证明,见表4-3-8。

表4-3-8　直播开场的主要形式

直播开场形式	说明	举例
主题介绍	在开场中介绍直播主题,预告用户直播内容,留住有精准需求的用户	"非常欢迎大家进入直播间,今天想给大家分享的是自热火锅都有啥口味?在接下来的直播中主播会——为大家介绍。"
问题导入	抛出问题,引发用户思考,提高用户参与感	"各位友友们,欢迎来到我们直播间!您是否知道自热火锅都有什么作料呢?"
故事引导	通过一个生动有趣的故事,带着观众进入直播所需的场景	"据传,当时有一位名叫张姓的商人,他经营着一家饭馆,由于生意不太好,于是他在除夕夜给客人提供了一种特别的晚餐——用辣椒、猪肉煮成的汤,配以各种蔬菜和肉类。这种汤不仅味道鲜美,而且经济实惠,很快引起了周围人的关注。"
借助热点	借助热点话题,可以拉近与观众的距离	"家人们,火锅店最近都在打广告,突出特色和优势,以吸引更多的顾客。冬天来了,来一锅火锅暖暖身子。美味的火锅,让你的味蕾也在加热。"

续表

直播开场形式	说明	举例
使用道具	主播可以使用吉祥物、产品实物、卡通人物等道具进行开场，活跃直播氛围	"今天我们直播间的萌宠猫咪——小喵来啦！今天它将会全程陪着我们直播哦！"
福利优惠	在开场环节向用户展示福利优惠，用好处留住用户，有利于粉丝的裂变	"开播啦！和兔八哥一起品尝火锅……直播间每隔半小时还会进行一次抽奖活动！"
数据证明	数据是最具有说服力的，展示数据容易让用户信服	重庆火锅的菜品种类丰富，包括素菜、肉类、海鲜等，能增加口感和营养价值。可以根据个人口味和喜好进行选择。之前在我们直播间已经卖了10万套！"

 运营实战

请为自热火锅直播间选择合适的直播开场形式，在表4-3-9中写出该直播开场形式的具体内容。

表4-3-9　自热火锅直播间的开场形式

直播开场形式	内容

二、商品介绍

商品介绍的主要目的是让用户了解商品基础信息，最终促成用户购买。商品介绍有几个主要步骤：介绍商品基础信息、商品卖点、购买方式、商品适用人群、可以解决的问题、使用方法、促销政策、售后问题，见表4-3-10。

表4-3-10　商品介绍的步骤

商品介绍步骤	说明
介绍商品基础信息	①一边展示产品，一边介绍商品基础信息；②展示商品相关数据，如好评率、销量等
介绍商品卖点	使用FABE法则进行介绍
介绍商品购买方式	查看商品信息→提交订单→完成支付

续表

商品介绍步骤	说明
介绍商品适用人群	①根据商品成分推荐； ②根据商品功效推荐； ③结合使用场景推荐
介绍商品可以解决的问题	①针对商品用途或特点提出问题； ②结合商品放大问题； ③介绍商品可以解决什么问题
介绍商品的使用方法	①主播亲自示范商品使用方法； ②按照说明书介绍商品使用方法
介绍直播间的促销政策	①展示价格对比优势； ②告诉用户优惠的原因
介绍商品的售后问题	①商品是否为正品； ②商品是否可以退货退款； ③商品是否赠送运费险； ④处理售后问题的渠道

影响用户购买决策的因素有三个，分别是商品信息、需求存在和解决意愿。只有当用户存在需求，具备解决意愿且对商品信息有一定了解时用户才会产生购买行为。

商品信息能够影响用户的需求认知，同时也作用于用户的解决意愿，所以商品介绍是促进用户购买的关键因素。

三、直播互动

在直播间想要留住用户并激发用户的参与感，提高商品转化率，最有效的方法就是直播互动。直播间的直播互动决定了观众的停留时长、关注率、回访率以及商品的转化率。直播互动的常见方法有派发红包、抽奖互动、连麦互动等。

1. 派发红包

派发红包可以带动用户积极互动、汇聚人气。派发红包有现金红包、口令红包等方式。如"各位粉丝，我们点赞过10万会开启我们的红包雨，大家一起参与吧"，发放的优惠券如图4-3-13所示。

2. 抽奖互动

抽奖是直播间主播常用的互动方法之一，主播通过抽奖互动可以提高用户黏性，增加用户平均观看时长。抽奖互动有问答抽奖、签到抽奖等方式。如"粉丝宝宝们，半小时后我们将进行一波问答抽奖，答对的宝宝会送包邮大礼包一份，现在仔细听我讲解哟，抽奖的答案就在讲解里面！"

3. 连麦互动

连麦互动通过与用户在直播间语音通话进行直接沟通，有助于在短时间内为直播间提升人气，也可以增加粉丝对直播间的信任感。连麦互动有专家连麦、达人连麦、粉丝连麦等方式。如"今天我们邀请到了自热火锅的发明专家连麦给我们讲讲他的故事"，如图4-3-14所示。

图 4-3-13　派发红包　　　　图 4-3-14　连麦互动

创建直播时,必须填写直播标题、上传图片(2 MB以内)、选择直播频道栏目、选择地理位置。

想一想

你还知道哪些直播互动的方法?

四、促进成交

直播的最终目的都是将产品成功售卖出去。所以直播售卖时需要主播掌握一定的成交技巧,引导用户购买。促进成交的引导方式主要有行为引导、心理引导、价值引导、氛围引导,见表4-3-11。

表4-3-11　促进成交的主要引导方式

促进成交引导	说明	举例
行为引导	①多次强调促销政策; ②倒计时,发出购买指令	"这款自热火锅市场价39元,现在直播间价格19元,直降20元,数量有限,买到就是赚到。来,5、4、3、2、1,上链接!"
心理引导	①把非刚需商品转化为刚需商品; ②击中用户潜在需求	"现在这款自热火锅打2折,8月你不买,11月肯定会涨价。只有在夏季才有这么大的折扣,在冬天大家都需要购买时厂家会涨价,何不现在购买?"
价值引导	让用户感觉值	"家人们,这款自热火锅有清汤和红汤两种,适合大家的口味,可以放心购买,一定不会踩雷!"
氛围引导	便宜、稀缺性、抢购氛围	"我们直播间的自热火锅限量22 000单,卖完立即下架!现在还剩500单!卖完就没有了!"

五、直播收尾

直播的收尾环节也不可忽视,掌握一些直播收尾的技巧不仅可以在直播结束前再促进用户进行一波成交,还能为下一场直播做好铺垫,同时能为直播间增加新粉数量。直播收尾的技巧主要有三类:促进成交技巧、引导关注技巧、直播间预告技巧,见表4-3-12。

表4-3-12　直播收尾的主要技巧

分类	方式	举例
促进成交技巧	提示促销政策截止时间	"还没有付款的家人们赶紧点击直播间链接付款哦,今天的优惠仅限在我们直播间,直播结束所有买赠、优惠券等全部失效哦,有需要的家人们赶紧下单吧!"
	随单弹幕截图抽奖	"非常感谢家人们对我们直播间的支持和厚爱,在直播的最后我们再来一波截图抽奖,只要今天在我们直播间下单任意一款产品,并且弹幕截图,前三位中奖的家人们将获得我们的神秘礼物,赶紧参与吧!"
	备注福利暗号	"主播今天给大家争取到了超大福利,直播间所有产品在订单页面上备注暗号:直播间粉丝专属福利,就可以随单获得我们的礼品一份,每人只能参与一次,大家赶紧备注吧!"
	直播间专属优惠	"今天在直播间下单的家人们,主播帮你们争取到了专属优惠,买满38元,付款时系统自动减10元。仅限我们直播间,这是我们直播间才有的福利,大家赶紧凑单吧!"
引导关注技巧	用优惠券吸引关注	"点关注,不迷路,下播前我们新粉丝们点了关注的截图给客服,客服发放一张20元无门槛优惠券。"
	用抽奖吸引关注	"我们直播马上结束啦,在最后我们将抽一波福利给大家,只要点了关注的粉丝都能抽奖,赶紧关注主播吧!"
直播间预告技巧	预告直播时间	"明晚8点,我们直播间不见不散哟!"
	预告直播产品	"明晚我们将返场之前断货的商品,包括素菜、肉类、海鲜等,可以丰富自己的餐桌。"
	预告直播促销政策	"下播前给家人们悄悄说一下我们明天的福利。明晚我们直播间也有很多美食产品,如干锅、汤、烧烤等,可以根据个人口味和喜好进行选择。还有买二送一等活动,更多惊喜敬请期待哦!"

运营总监点拨

　　电商直播中各项活动都要遵守法律法规和公序良俗,我们应该提高自己的思想意识,诚信经营,推动社会向更好的方向发展。

YUNYINGZONGJIANDIANBO

[任务四]

No.4

运营复盘

◆ **任务描述**

宜品电商团队通过付费推广和直播推广,店铺的流量增加了,销量也增加了,广告费用也花费不少,为了总结前一阶段的推广效果,现在团队将对前段时间的付费推广和直播推广运营结果进行复盘,总结运营过程中的优缺点,为下一轮的推广提供策略依据。

◆ **任务实施**

活动一 付费推广复盘

团队成员在开展付费推广的过程中,开展了淘宝客、直通车、信息流推广。商品推广一段时间后,取得了初步成效,为了进一步优化推广策略,为下一次推广提供数据支撑,团队将开展付费推广复盘。开展付费推广复盘的内容如图4-4-1所示。

| 淘宝客推广复盘 | + | 直通车推广复盘 | + | 信息流推广复盘 |

图 4-4-1 付费推广复盘内容

一、淘宝客推广复盘

查看淘宝客推广效果,分析访客数据、商品数据、营销策略及用户互动等信息。

1. 认识数据分析维度

进行淘宝客推广后,可从表4-4-1中的维度去分析数据,在分析过程中,需要查看淘宝客推广是否达到了预期目的。当然,也可以增加或调整数据分析维度,以达到自己的分析目的。

表4-4-1 淘宝客推广数据分析维度

数据分析维度	具体描述
店铺流量	淘宝客利用自己的粉丝、平台、技术等资源,推广商品链接,增加店铺中商品的曝光率和流量
店铺转化率	淘宝客向精准人群推送链接,增加店铺的成交率,提高店铺的转化率
店铺评价、信誉	淘宝客作为一个优质渠道,能够为店铺带来一定的高质量的评价、信誉,增强消费者对店铺的信任,提高店铺的口碑
店铺知名度	淘宝客能够在一定程度上提高店铺的知名度,扩大店铺的影响力

2. 淘宝客推广效果的影响因素

淘宝客推广效果的影响因素有多个，作为网店运营人员，需要注意以下几个方面的影响因素，见表4-4-2。

表4-4-2 淘宝客推广效果的影响因素

影响因素	具体说明
店铺及产品自身的质量	淘宝客本质上是在帮助店铺推广，如果店铺及商品本身质量较差，即使给再高的佣金，淘宝客也不愿意推广该商品
淘宝客的资源	淘宝客的操作技巧、手段、资源等，会影响推广效果
市场的竞争	淘宝客虽然能够进行定向、精准推广，但是市场竞争激烈，市场会影响推广效果

3. 查看淘宝客推广数据

进入淘宝联盟后台，单击"效果报表"→"订单明细"→"淘宝客拉新用户明细"，可以看到淘宝客拉了多少新人，其中激活的有多少人，购买的有多少人，也能看到新人产生的CPS预估佣金。

4. 淘宝客推广复盘结果

结合淘宝客的推广数据，对淘宝客推广进行优化，将优化结果填写在表4-4-3对应的位置。

表4-4-3 淘宝客推广优化结果

序号	优化方案	优化说明	优化结果
1	增加商品的吸引力	增加商品的推广活动，设置优惠券或折扣，提出限时特价等方案，吸引用户点击	
2	优化淘宝客合作伙伴	设置定向计划，优化淘宝客推广合作伙伴，选择具有一定粉丝数量、有活跃度和影响力的淘宝客来推广商品	
3	优化商品服务	提供良好的售后服务	
4	建立良好的关系和互动	与淘宝客建立良好的关系和互动是做好淘宝客活动的重要一环。可以通过回答问题、及时回复留言、赠送礼品或优惠券等方式，与淘宝客保持密切联系，并加强与粉丝之间的互动，提高用户的黏性	
5	提供专属福利和奖励	为了激励淘宝客们积极推广，卖家可以设计一些专属福利和奖励机制	
6	数据分析和优化	对活动数据的监测和分析，可以了解用户的购买行为和偏好，从而调整和优化活动策略，提高推广效果	

二、直通车推广复盘

在对直通车数据进行分析时，不仅需要查看直通车的总体运营效果，还需要分析直通车运营的具体数据，特别是分析异常数据，并找出出现异常的原因。

1. 查看直通车的推广数据

进行直通车推广后，接下来需要查看直通车的推广效果，分析直通车的花费、点击量、展现量等数据，同时查看平均花费。在直通车推广中，图4-4-2所示为某宝贝的推广结果，在实际运营过程中，需要对店铺的运营数据做详细的记录，对数据进行深入分析。

图 4-4-2　直通车推广结果

2. 分析直通车每天的推广数据

（1）在店铺运营过程中，运营人员记录了每天直通车的具体操作、访客数量、成交单数、直通车单数、转化率、直通车成交金额、自然成交金额等数据。每个运营人员分析的思路不同，可能记录的数据维度也不同。表4-4-4所示为直通车推广5天的部分维度数据（在实际运营过程中，日期应该为具体的日期，这里使用天数方便大家查看）。

表4-4-4　直通车推广数据

日期	操作	总访客	直通车访客	自然访客	总单量	直通车单量	自然成交单量	自然转化率/%	总转化率/%	总坑产	直通车成交金额	自然成交金额
第1天	车烧100，拖价到0.36	491	343	148	9	4	2	0.41	1.83	212.7	77.4	57.60
第2天	车开200，权重高烧得快，降低出价	900	586	314	22	6	7	0.78	2.44	978	128.9	131.90
第3天	车开200，降低出价	1 223	866	357	31	13	18	1.47	2.53	635.9	254.4	381.50

日期	操作	总访客	直通车访客	自然访客	总单量	直通车单量	自然成交单量	自然转化率/%	总转化率/%	总坑产	直通车成交金额	自然成交金额
第4天	直通车降低出价，降低日限额至170	1 421	892	529	47	11	24	1.69	3.31	994.9	222.4	449.70
第5天	直通车170日限额不变，降低出价，由0.19拖价到0.16	1 693	1 150	543	63	24	35	2.07	3.72	2 052.5	434.3	730.50

（2）分析直通车推广数据。根据表4-4-4中5天的数据，结合具体的操作分析访客数量、成交单数、转化率及成交金额的变化情况。表4-4-5分析了第一个维度（即访客）的数据，请尝试分析其他维度的数据，将你的分析结果填写在表4-4-5对应的位置中。

表4-4-5　直通车数据分析结果

分析维度	具体维度	数据变化趋势	分析结果
访客数量	总访客数	总访客数一直呈上升趋势	自然访客数随直通车访客数的增加而增加，直通车推广为店铺带来了自然访客
	直通车访客	直通车访客数一直呈增长趋势	
	自然访客数	第1~5天，总访客数一直呈上升趋势	
成交单量	总单量		
	直通车单量		
	自然成交单量		
转化率	总转化率		
	自然转化率		
成交金额	直通车成交金额		
	自然成交金额		

3. 分析直通车推广的分时数据

在店铺运营过程中，为了更好地分析各时段的推广效果，优化推广策略，需要分析分时推广数据。

（1）记录分时数据。记录每天的分时推广数据，表4-4-6所示为某天的分时数据。

表4-4-6　直通车某天分时推广数据

时间	访客量	直通车访客	自然访客	成交单数	转化率/%	成交金额	比前小时增加	比昨日同时增加
9点	51	0	51	5	9.80	115.4	51	4
10点	62	0	62	5	8.06	115.4	11	62
11点	187	80	107	6	3.21	140.3	45	104
12点	949	887	62	17	1.79	342.7	−45	49
13点	966	892	74	17	1.76	342.7	12	50
14点	985	892	93	18	1.83	354.6	19	49
15点	1 012	892	120	18	1.78	354.6	27	986
16点	1 043	892	151	18	1.73	354.6	31	68
17点	1 085	892	193	21	1.94	424.3	42	67
18点	1 132	892	240	22	1.94	447.9	47	77
19点	1 179	892	287	23	1.95	475.6	47	91
20点	1 194	892	302	24	2.01	475.6	15	67
21点	1 286	892	394	27	2.14	534.6	15	123
22点	1 304	892	412	29	2.26	574.2	18	101
23点	1 360	892	468	29	2.13	553.8	56	127
24点	1 421	892	529	35	2.46	672.1	61	529

（2）分析分时数据。观察分时数据，分析当天各时段数据的变化情况，参照访客量的分析方式，将数据的分析结果填写在表4-4-7中。

表4-4-7　直通车推广分时推广效果

维度	数据变化趋势	分析
访客量	访客量一直呈上升趋势	直通车的访客数增加了自然访客数
直通车访客		
成交单数		
转化率		
成交金额		

4. 直通车推广复盘结果

分析所有数量后，将直通车推广复盘的结果填写在表4-4-8中。

表4-4-8   直通车推广复盘结果

序号	分析指标	具体情况
1	本轮直通车推广效果	
2	直通车推广引流最佳时段	
3	下一轮直通车推广日费用	
4	直通车推广的注意事项	

运营总监点拨

　　直通车推广是店铺引流的重要工具,直通车推广的策略非常重要,店铺运营人员操作得好,将会为店铺带来非常多的自然流量,且能创造收益;如果运营人员操作得不好,则会为店铺运营带来巨大的损失。

　　作为一个运营人员,在运营过程中需要充分分析店铺各数据之间的联系,在开展运营之前要进行多次模拟推演,使推广效果达到最佳。

YUNYING ZONGJIAN DIANBO

 **运营实战**

　　请查看无人机店铺的直通车推广数据,分析近10天的推广数据,将分析结果填写在表4-4-9中,并调整下一轮的推广策略。

表4-4-9   无人机店铺直通车推广分析结果

维度	数据变化趋势	分析
访客量		
直通车访客		
成交单数		
转化率		
成交金额		

三、信息流推广复盘

　　信息流推广复盘过程中,需要结合具体的信息流推广渠道,查看各推广平台的具体数据,对推广的流量、销量、转化进行分析,为下一轮的信息流推广提供策略依据。在对信息流推广复盘时,可以固定复盘的频率,可以5天做一次复盘,也可以1周做一次复盘,还可以10天做一次复盘。这里7天做一次复盘工作。

　　1.下载落地页推广数据

　　(1)进入百度信息流推广平台,单击"数据报告"→"落地页报告"。

　　(2)单击"自定义",选择需要下载的数据维度。

2. 筛选信息流推广数据

推广数据维度比较多，不同的分析目标，分析的数据不一样，筛选出表4-4-10所示的数据进行分析。

表4-4-10　信息流推广部分数据

日期	现金消耗	曝光量	点击量	点击率/%	表单数	表单现金成本	转化率/%
7月18日	77.6	15 520	257	1.66	18	4.31	7.00
7月19日	68.3	13 660	265	1.94	23	2.97	8.68
7月20日	81.2	16 240	452	2.78	49	1.66	10.84
7月21日	84.6	16 920	468	2.77	42	2.01	8.97
7月22日	82.4	16 480	512	3.11	48	1.72	9.38
7月23日	86.9	17 380	567	3.26	51	1.70	8.99
7月24日	87.2	17 440	612	3.51	58	1.50	9.48

 做一做

作为一名网店运营人员，你觉得还需要对哪些维度的数据进行分析，请将数据维度填写在下面的横线上。

_____

3. 分析数据

在对数据进行分析时，使用图表来对数据进行可视化分析，结果会更直观。

（1）分析推广费用与曝光量。从表4-4-10中可以看出，总体而言，推广费用每天都在增加，但推广费用增加的量没有出现异常情况。从曝光量看，曝光量总体呈上升趋势，与现金消耗的趋势一致，如图4-4-3所示。

图 4-4-3　现金消耗与曝光量分析折线图

（2）分析现金成本与转化率。从图4-4-4中可以看出，7月18日的成本最高，但转化率最低，7月24日成本最低，7月20日的转化率最高。

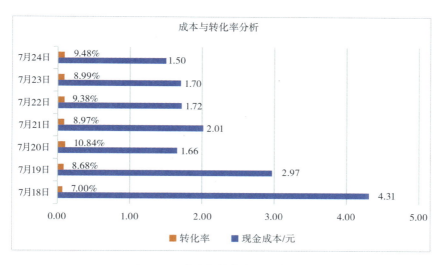

图 4-4-4　成本与转化率分析条形图

在对数据进行分析时,为了得到更准确的结果,可以对多个数据进行深入分析,观察与分析异常数据的情况,分析数据的变化趋势。

4. 分析结论

从图4-4-4分析得出,本轮在百度信息流推广时,总体而言,推广的花费越来越少,但转化率却越来越高,在下一轮推广时,可以更精准地进行定向推广,使推广的效果达到最佳。

活动二　直播推广复盘

宜品电商团队开展直播带货已经有一段时间,但直播间的观看量、粉丝数、产品销量没有达到预期目标。因此,宜品电商团队决定对这段时间的直播进行复盘。分析相关数据,找到直播效果不好的原因,总结经验,提高直播效果。直播推广复盘的流程如图4-4-5所示。

图 4-4-5　直播推广复盘流程图

一、直播回看

在淘宝直播平台,当日直播时长要累计达到30分钟才有数据分析。现在大部分的店铺直播团队每天的直播时长一般都会在6~8小时。直播复盘工作需要组织主播和直播的协同人员一起看回放。目的是让工作人员,特别是主播,从直播间跳出来,从用户的视角来观察直播间的画面、节奏和声音。没有一场直播是完美的,每场直播都有值得反思的地方。

二、数据分析

直播团队对直播活动的各项数据进行回顾、分析、总结。直播复盘的核心是数据分析。宜品电商团队准备使用表格分析法来分析直播数据。即使用表格来统计直播中收获的粉丝数量、粉丝评论、商品销售等情况,对数据进行分析汇总。

1. 直播数据统计

(1)绘制一个N行N列的表格,表头填入直播数据类型、数据名称、具体数据等。

(2)统计淘宝平台的直播数据,将淘宝平台中的直播数据统计到表格中,见表4-4-11。

微课

直播复盘

表4-4-11 直播数据统计表

直播数据类型	数据名称	具体数据
直播数据	观看总数	3 170
	新增粉丝	20
	评论人数	35
	收获佣金	12 850.68元
	观众渠道	电脑端5人、平板电脑端10人等
销售数据	订单管理	5
	账单管理	8
	连接点击数	68
	付款数	5 668.35
	总金额	66.78万元

2. 查看淘宝直播数据

打开"淘宝直播"App，点击首页的数据，如图4-4-6所示。

图4-4-6　点击数据

直播结束后，及时查看直播平台中的数据，重点分析三大关键指标数据，即访问数据、转化率、成交金额。访问数据是指观看人数、观众的停留时间、互动次数等数据。

$$转化率=成交人数/观看人数×100\%$$

$$成交额=客单价×购买人数$$

通过这三个关键指标数据可分析直播效果。

直播数据主要分为两大类：直播数据和销售数据。直播数据是指直播中收获的粉丝数量及粉丝评论等相关数据。销售数据是指在直播销售的整个过程中与商品销售相关的数据。

数据分析的核心就是粉丝转化率、粉丝活跃度、商品转化率。

粉丝转化率是指新增用户在观众总数中的占比。粉丝转化率越高越有利于促进粉丝裂变。

ZHISHICHUANG

三、改进方案

直播复盘的最终目的是解决问题。所以在分析数据后找到直播中的短板和问题,下一步就是提出改进方案,见表4-4-12。

表4-4-12　直播复盘问题分类及改进方案

问题分析	问题描述	改进方案
流量问题	直播间浏览次数少	做好预热
	观看人数少	引导分享
粉丝转化问题	新粉少	引导关注
	中途退出直播间的人数较多	重复促销活动
商品转化问题	付费数低	引导购买
	总收入金额较低	加大优惠力度

改进方案后还要进行优、良、中、差的考核评分,从而找出团队人员中的问题,优化处理,如图4-4-7所示。

图 4-4-7　优化处理

1. 数据复盘优化

（1）流量数据维度

直播域、店铺域优化要注意分析关注人数、人均时间、人数占比、成交金额等数据是否达到预期,并进行优化改进。从用户来源渠道优化:分析不同时段观众数量的多少,并找出增长或下降的原因,进行优化改进。

（2）互动数据维度

人均停留时长是互动数据的核心指标。分析主播和观众的互动评论和弹幕。关注观众的互动热情和参与度,进行优化改进。总结主播引起用户共鸣的动作或语言,在后续直播中重点测试。

（3）用户行为数据维度

商品点击率、增加率、入会率是反馈用户行为的核心指标,可评估直播间用户对商品的喜好度、直播内容的吸引力和会员权益及激励机制的有效性。

（4）转化数据维度

转化率:整场直播的转化率。单品转化率:比较不同直播时段的转化率。

综合整场直播的GMV客单价、UV价值等分析不同产品或推广方式的成交数据情况找出销售表现较好或较差的商品和策略。

针对出现的问题,提出改进方案和注意事项,避免类似问题再次发生。

2. 主播复盘优化

主播需要及时查看直播数据,总结经验教训,优化直播方案。从图4-4-8中可以看出,雨欣的直播时间不是最长的,但转粉率及转化率较高,同时互动率最高;初兰虽然互动率较高,但转化率不高。主播还需要回看自己的直播视频,分析直播过程中的产品介绍是否准确、活动是否具有吸引力,同时也可以观看其他主播的视频,分析主播的引导话术,改进自己的直播策略。

主播	开播时长	转粉率	在线停留时长	引导成交金额	客单价	转化率	互动率
雨欣	2730	0.56%	51.12	11485169	2673.51	5.48%	1.76%
子墨	3624	0.51%	49.47	5163696	2461.38	3.47%	1.29%
碧钰	2890	0.63%	42.38	13736985	2598.60	4.16%	1.41%
仔仔	2637	0.42%	50.74	16528587	1749.15	5.97%	1.01%
初兰	2389	0.58%	49.56	5269258	2429.58	3.47%	1.64%
珊烟	3840	0.47%	47.34	27465366	2716.20	6.05%	1.28%
妙珊	1328	0.42%	61.12	1537347	2479.00	2.55%	1.54%
曼莲	472	0.38%	30.52	152673	1437.80	1.42%	0.89%

图 4-4-8　主播复盘优化

3. 商品复盘优化

从商品的角度分析销量数据。从图4-4-9中可以看出,230813号商品的直播间商品点击人数最少,直播商品成交转化率最低,但其单品转化率却最高,说明直播给单品带来了较大的流量,从而提高了单品的转化率。通过对商品销售数据的统计分析,从而找出直播过程中存在的问题。

商品ID	图片	直播间商品点击人数	店铺商品访客数	直播间商品采购件数	店铺商品采购件数	直播间支付买家数	店铺支付买家数	直播间成交金额	店铺成交金额	直播商品成交转化率	店铺商品成交转化率	单品转化率
230811		23748	7391	7000	4000	5318	2467	79770.00	37005.00	22.39%	33.38%	26.67%
230812		47291	5816	10000	6000	7924	2194	142632.00	39492.00	16.76%	37.72%	29.16%
230813		17384	3719	5000	3000	2156	949	25872.00	11388.00	12.40%	25.52%	56.64%

图 4-4-9　商品复盘优化

4. 场景复盘优化

通过数据分析直播过程中关于场景搭建和设备的问题,查看商品的排序是否可以优化,货盘组合是否合理等,如图4-4-10所示,找出影响销售数量、销售金额的因素,然后进行针对性的改进。

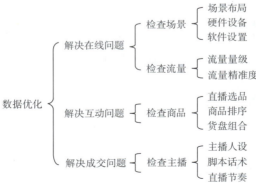

图 4-4-10　场景复盘优化

想一想

直播时中途退出直播间的原因有哪些?

四、落地执行

落地执行是直播复盘的最后一项工作,同时也是最容易被忽视的一项工作。很多直播团队认为分析直播数据、找到直播短板改进方案后,直播复盘工作就结束了。其实不然,如果没有落地执行,很多问题又会再次发生,导致直播效果不理想。所以做好落地执行非常重要。

运营实战

请查看无人机店铺的直播运营数据,对近10天的直播数据进行分析,提出改进方案,将改进方案的内容填写在表4-4-13中。

表4-4-13　直播复盘问题分类及改进方案

问题分析	问题描述	改进方案
流量问题		
粉丝转化问题		
商品转化问题		

知识窗

直播复盘记录是指记录直播复盘中的数据、出现的问题、改进方案等内容。

做好复盘记录是为了方便直播团队随时查看直播复盘的内容,能够有效地避免之前出现过的问题,优化直播效果。

直播复盘的类型有两种:单场复盘和主题复盘。

• 单场复盘是指对一场直播进行复盘总结,一般在下播后进行。

• 主题复盘是指对某个主题进行复盘总结,一般在直播一段时间后,对同一主题的直播进行复盘。

ZHISHICHUANG

运营总监点拨

养成直播复盘的好习惯,对直播数据进行挖掘与分析,不仅可以发现直播中存在的问题,还能够从中找到改进方案,提高直播销量。我们应该多用数据说话,用辩证的眼光和各项数据进行分析,同时直播团队内应该多沟通,提高团结协作能力。

YUNYINGZONGJIANDIANBO

【1+X实战演练】

第一部分 理论测试题

一、单选题

1. 直通车是拥有多种推广形式的营销工具，每种推广形式都是按点击进行扣费，以下属于直通车推广扣费规则的是（ ）。

A. 下一位的出价×下一名的质量得分/您的质量得分+0.01

B. 下一位的出价×下一名的质量得分/您的质量得分+0.5

C. 下一位的出价×下一名的质量得分/您的质量得分+0.1

D. 下一位的出价×下一名的质量得分/您的质量得分+0.05

2. 开展SEM推广时根据产品的特点选择合适的推广区域被称为（ ）。

A. 创意策略   B. 时间策略

C. 落地页策略   D. 地域策略

3. 不同的匹配方式有不同的特点，设置（ ）可以实现精准引流。

A. 固定匹配   B. 广泛匹配

C. 精准匹配   D. 定向匹配

4. 在直通车推广时，某卖家设置人群出价为智能投放1.5元，在展示位置中已买到的宝贝溢价为20%，夜间22：00以后折扣为80%。若买家在夜间23：00时通过已买到的宝贝位置点击，请问该卖家的最终出价是（ ）。

A. 1.125元   B. 0.75元   C. 0.9元   D. 1.44元

5. "各位女生，欢迎来到我们直播间！你是否遇到了'花了钱，皮肤状态还是越来越差'的问题呢？"属于直播开场形式中的哪种形式？（ ）

A. 主题介绍   B. 借助热点

C. 问题导入   D. 故事引导

6. 主播小张在直播复盘时发现在直播中途时直播间的人数较多，小张应该如何改进？（ ）

A. 做好预热   B. 引导购买

C. 重复促销活动   D. 引导分享

二、多选题

1. 以下关于精准长尾词的描述正确的是（ ）。

A. 搜索长尾关键词的消费者往往带有明确的购买意向

B. 长尾关键词搜索人气相对较低

C. 设置精准长尾词可以有效控制花费

D. 精准长尾词可以实现精准引流

2. 在SEM推广中，质量分本质上与创意质量、相关度和买家体验有密切的关系，其中相关度包括（ ）。

A. 与宝贝标题属性的匹配相关度

B. 与资源位的相关性

C. 与宝贝详情页之间的匹配相关度

D. 与类目的相关性

3. 希望提升创意素材点击率，可以采用哪些方法？（　　）

A. 展现福利诱惑，刺激用户需求

B. 大面积突出品牌Logo，强化品牌输出

C. 使用有授权的明星/代言人

D. 场景化展示，提升用户代入感

4. 下列选项中，属于直播预热海报中的元素是（　　）。

A. 二维码　　　　　　　　　　B. 直播时间

C. 直播平台　　　　　　　　　D. 直播内容或主题

5. 下列选项中，属于商品介绍的是（　　）。

A. 商品保质期　　　　　　　　B. 商品成本价格

C. 商品使用人群　　　　　　　D. 商品使用方法

6. 下列选项中，属于直播数据的是（　　）。

A. 粉丝人数　　　　　　　　　B. 评论人数

C. 点赞人数　　　　　　　　　D. 转发、分享人数

三、判断题

1. 关键词的质量分是SEM关键词排名与扣费的重要影响因素，质量分越高，越能实现以较小的花费获得较好的排名。（　　）

2. 当广告预算充足时，可以选择特定的目标群体进行重复投放，能够带来更好的品牌影响力效果。（　　）

3. 创意是潜在用户能够看见（包括文字、图片、视频等内容）的广告素材，创意是账户结构中最小的单位。（　　）

4. 直播预热的内容主要包含直播时间、直播主题、直播福利、主推商品。（　　）

5. 直播的主播没必要介绍商品的基础信息。（　　）

6. 若某场直播超额完成预定目标，则无须进行复盘。（　　）

第二部分　实训练习

1. 某店铺销售儿童玩具，其中一款价位在100~200元的遥控飞机有较大的销量，卖家决定使用付费推广的方式推广该商品，请你为卖家出谋划策，制订一份淘宝客推广方案，内容包含推广的佣金比例、推广人群等信息。

【操作提示】在制订淘宝客推广方式时，需要参照竞品的佣金比例制订推广方案：

（1）查看竞品的佣金比例；

（2）确定推广的目的；

（3）确定推广费用。

2. 在"6·18"活动即将来临之季，某销售儿童玩具的店铺将利用直通车推广提高店铺的销量，增加店铺的知名度。该店铺决定投入3 000元推广费用，利用10天推广商品，请为该店铺制订一份直通车推广方案，内容包含推广目标、推广计划、推广时间、推广地域、出价等内容。

【操作提示】在制订直通车推广方案时,需要明确自己的推广目标,从而确定推广方案等内容。

3. 淘宝"双十一"购物狂欢节于每年11月11日举行,是全球规模最大的网络促销活动之一。请为休闲零食店的"双十一"直播活动确定预热内容。

4. 小张是一名美食带货主播,他在进行直播复盘时,发现两个月以来,直播间浏览次数只减不增,粉丝们都吐槽小张的直播间枯燥无趣。请帮助小张找到问题所在并提出解决方案。

◆ 项目评价

班级		姓名			
练习日期		评价得分			
完成效果评价	□优　　□良　　□中　　□差				
序号	评分项	得分条件	分值/分	评分要求	得分/分
1	数据分析	①准确分析店铺交易、流量与客户数据; ②正确找出竞店; ③正确查找竞品; ④正确进行竞品分析	20	①任务完成且完成效果好,每项5分; ②未完成任务或任务完成错误,该项不得分; ③任务未全部完成,根据情况得部分分	
2	制作营销方案	①识记爆款的样式; ②准确分配推广费用的比例; ③找出商品的推广优势; ④快速制订推广方案	10	①任务完成且完成效果好,每项2.5分; ②未完成任务或任务完成错误,该项不得分; ③任务未全部完成,根据情况得部分分	
3	淘宝客推广	①根据推广目的准确选择佣金比例; ②准确创建淘宝客推广计划; ③选择淘宝客合作伙伴; ④识别淘宝客推广的问题; ⑤及时优化淘宝客推广策略	15	①任务完成且完成效果好,每项3分; ②未完成任务或任务完成错误,该项不得分; ③任务未全部完成,根据情况得部分分	
4	直通车推广	①明确直通车出价策略; ②创建直通车推广计划; ③能开展定向推广; ④能有效设置溢价数据; ⑤及时优化直通车推广	15	①任务完成且完成效果好,每项3分; ②未完成任务或任务完成错误,该项不得分; ③任务未全部完成,根据情况得部分分	

序号	评分项	得分条件	分值/分	评分要求	得分/分
5	信息流推广	①能根据需求选择信息流推广渠道； ②能制订信息流推广策划案； ③能提出高质量推广图文创意； ④能提出高质量推广视频创意； ⑤准确设置信息流推广计划	10	①任务完成且完成效果好，每项2分； ②未完成任务或任务完成错误，该项不得分； ③任务未全部完成，根据情况得部分分	
6	直播预热	①视频时长30~60 s； ②规范封面图； ③片头5 s，清晰展示主题； ④脚本真实、吸引人、有感染力； ⑤内容有卖点、痛点、行动建议； ⑥音乐与视频风格一致； ⑦遵守广告法、平台规则，无违禁内容； ⑧视频内容新颖、有创意、有特色	8	①任务完成且完成效果好，每项1分； ②未完成任务或任务完成错误，该项不得分； ③任务未全部完成，根据情况得部分分	
7	直播执行	①能根据需要确定直播渠道； ②能确定直播时间、标题、简介、图片等，发布直播预告； ③在直播中，能准确介绍直播商品，并与买家进行互动； ④能促进成交的达成，并完成收尾工作	12	①任务完成且完成效果好，每项3分； ②未完成任务或任务完成错误，该项不得分； ③任务未全部完成，根据情况得部分分	
8	运营复盘	①完成自推广以来的数据记录； ②数据记录准确无误； ③对店铺数据做简单分析； ④写出改进的方案	10	①任务完成且完成效果好，每项2.5分； ②未完成任务或任务完成错误，该项不得分； ③任务未全部完成，根据情况得部分分	
	总分		100		
备注		优：85~100分；良：61~84分；中：35~60分；差：0~35分			

运营案例赏析

　　某经营土特产的淘宝店铺，他将"山里人的货"搬到线上，目前，店铺拥有超过20万老客户，热卖产品农家土蜂蜜已累计售出上万斤，该店铺已达到4皇冠等级。

　　该店铺的运营策略很独特，店家开设博客，将进山取货的照片一一拍下，将照片放到博客和商品详情页中，通过站内外推广，让买家感受到现场的真实感，其博客月点击量达几十万，为店铺带来了巨大的精准流量。店家还注册商标，避免了同质化竞争。

YUNYINGANLISHANGXI

项目五
滞销品促销

【项目概述】

每一个商品都有生命周期，一个商品的生命周期通常会包括导入期、成长期、成熟期、衰退期和退出期五个阶段。面对瞬息万变的电商市场，宜品电商团队经营的某自热火锅的流量开始减小。为了提高流量及销量，团队决定利用平台的营销工具即"三宝一券"，增加店铺的销售额。同时积极参加平台、行业活动，增加店铺、商品的展示机会，完成站内促销。针对产品滞销的情况，团队决定采取一些促销策略处理滞销品，提升店铺转化率。

【项目目标】

知识目标

+ 认识淘宝店铺的促销活动；

+ 了解常用营销工具的特点；

+ 了解天天特卖活动的申请条件；

+ 了解聚划算的收费方式。

技能目标

+ 能根据市场变化，调整促销活动的方案；

+ 能根据店铺的营销活动方案，利用营销工具合理设置促销活动；

+ 能根据各类活动的要求，报名参加活动，并监控活动动态。

思政目标

+ 培养法律意识，反对不正当竞争；

+ 监控数据的波动和异常，培养数据化运营思维。

[任务一]
促销策划

◆ **任务描述**

在电商竞争白热化的时代，店铺要想在市场上占有一定份额，运营团队必须时常进行市场行情分析，掌握市场发展最新动向，及时设计出最新最流行的促销策划方案。宜品电商团队近期将开展一次市场行情分析，制订最新促销活动方案，在店铺推出新品的同时解决店铺滞销品的问题。

◆ **任务实施**

活动一　市场行情分析

宜品电商团队计划对自热火锅类商品进行一次市场调研，通过调研数据分析市场上自热火锅类商品的品牌认知与竞争情况，了解和分析各层次消费群体的消费需求和痛点。开展市场行情分析的流程如图5-1-1所示。

图 5-1-1　市场行情分析流程图

一、市场调研

随着经济发展和生活节奏的加快，越来越多的人、特别是旅途中的人会选择购买方便美味的速食产品，由此催生了一个庞大的自热式方便速食产品市场，如自热米饭、自热烧烤、自热米线、自热火锅等，如图5-1-2所示。更有商家在直播间打出"万物皆可自热"的营销口号。

图 5-1-2　市场上部分自热产品

查一查

请同学们在淘宝平台查询各类自热火锅的信息，了解当前的市场状况，将查询结果填入表5-1-1中。

表5-1-1　自热火锅信息表

序号	产品名称	定价	销售量	品牌	网店名称

二、收集数据

要做自热火锅市场的行情分析，依据淘宝网查询的几个数据还远远不够。我们可以从四个方面对自热火锅进行市场调研并收集调研数据，如图5-1-3所示。

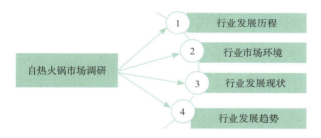

图 5-1-3　市场调研维度

行业市场环境包括政治环境、经济环境、社会环境、技术环境等，其中政治环境可以查阅国家颁布的《中华人民共和国食品安全法》《食品生产许可管理办法》，地方颁布的《关于自热式方便火锅生产许可审查方案》等资料。

行业发展现状包括行业市场规模、行业痛点、所面临的困难等内容。

行业发展趋势包括行业竞争情况、各种新型经济模式对行业的冲击等内容。

 做一做

请同学们上网查阅自热火锅行业发展历程的相关资料，将资料归纳总结后填入表5-1-2中。

表5-1-2　自热火锅发展历程

初步发展阶段 2015—2016年	高速发展阶段 2017—2019年	疫情后发展 2020年至今
市场参与者少，消费者对自热火锅的认知度差，市场需求量小，多通过微商方式销售，市场普及度低		在疫情的影响下，自热火锅等方便食品迎来了爆发式增长

三、行情分析

市场行情分析,可以进行商品分类销售实际分析、地区类别市场动态分析、新产品市场销售分析、消费者购买类型销售分析、竞争者分析等。本次自热火锅市场行情分析的主要目的是了解线上自热火锅市场的基本情况,为后续网店的营销策略提供真实可靠的依据,选择从以下三个方面进行分析。

1. 自热火锅市场环境分析

市场环境变化会影响顾客的购买行为,从而进一步影响企业营销策略。市场环境通常是指与企业营销活动有直接或潜在关系的所有外部力量和相关因素的集合,它是影响企业生存和发展的各种外部条件,如图5-1-4所示。

图 5-1-4　行业市场环境

近年来,随着自热火锅产品大面积的普及,购买自热火锅的消费者数量攀升,自热火锅行业的市场规模不断扩大。现阶段,线上电商平台上销售自热火锅的店铺已超过300家,生产商包括传统火锅企业、火锅上下游企业、休闲零食品牌企业等。因川渝地区消费者对火锅的消费热情高,自热火锅品牌企业多分布在四川、重庆等地区。同时川渝地区自热火锅代加工业务需求量增加,从而促使自热火锅代工生产厂商也集中分布在四川、重庆等地区,形成产业集群效应。

2. 消费者分析

消费者市场是指为了生活消费而购买产品或服务的个人或家庭。一切企业,无论是生产企业还是服务企业,都必须研究消费者市场,因为只有消费者市场才是商品的最终市场。从这个意义上说,消费者市场是一切市场的基础,是最终起决定作用的市场。

从我国火锅消费者年龄结构分布情况来看,年轻消费者占绝大部分,其中18~24岁的人群占48%,25~39岁人群占19%,尤其是大学生和刚入职的白领阶层占近五成,如图5-1-5所示。

自热火锅的出现契合了当代年轻人的消费需求,解决了年轻消费者想吃火锅又懒得出门的需求痛点。淘宝发布的《懒人消费数据》显示,中国人为偷懒花费160亿元。"懒人经济"让消费者能够花钱买便利,尤其对于年轻消费者而言,不少人的消费观更倾向于节约时间成本以换取精细、高品质的生活,自热火锅成为大众新选择。

3. 自热火锅行业痛点分析

痛点是互联网术语,一般指市场不能充分满足的,而客户迫切需要满足的需求。通过调查发现,自热火锅行业存在以下痛点,如图5-1-6所示。

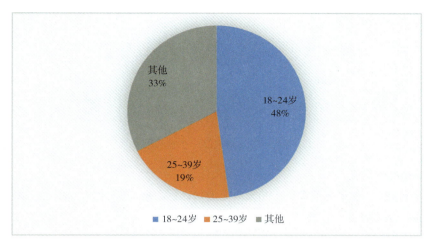

图 5-1-5　火锅消费者年龄结构分布

图 5-1-6　行业痛点

（1）行业缺乏标准及规范

自热火锅行业发展历程短，政府尚未针对该行业出台全国统一监管政策，导致自热火锅食品安全难以得到保障。如在2016年国家食品药品监督管理总局发布的《食品生产许可分类目录》中，方便食品目录中仅包含方便米饭、方便粉丝、方便粥、方便豆花、麦片、黑芝麻糊、油茶、凉粉、即食谷物粉等食品，尚未将自热火锅列入在内，意味着自热火锅行业仍缺乏标准规范。无论是选用的餐盒还是各种食材都很难保证安全卫生，塑料餐盒在高温作用下对食用者的健康存在安全隐患，各种火锅食材也难以保证卫生质量，不利于行业长期发展。

（2）自热火锅加热包存在安全隐患

自热火锅加热包在反应过程中会释放出大量热量，温度最高会达到150 ℃。此过程中，如发热包破损或消费者未按照安全指示操作，极易引发安全事故，如餐盒爆炸、热汤飞溅等，导致人员受伤。

（3）食品安全质量难以保证

市场上的很多自热火锅产品实际上都是组装出品，如委托方为某电子商务公司，而底料、配菜等食材，分别由全国各地的不同食材厂家进行代工生产，然后再组装出售。然而不少代工企业可能缺乏相关资质、食品安全生产条件，由此存在食品安全隐患。

活动二　滞销品分析

针对当前店铺存在部分滞销品的情况，团队决定进行一次滞销品分析。开展滞销品分析的流程如图5-1-7所示。

图 5-1-7　滞销品分析流程图

一、滞销品的定义

淘宝平台规定，如果店铺宝贝在90天内无编辑、流量或出售的行为，系统自动将该宝贝作为滞销商品，如图5-1-8所示。

图 5-1-8　淘宝滞销品规则

二、如何查看店铺滞销品

在一些既没有流量又没有销量的店铺里，有滞销的宝贝通常是不可避免的。要查看店铺里是否有滞销品，可以在淘宝卖家"千牛工作平台"中查看店铺滞销商品的信息。

登录淘宝卖家账号，输入账号密码，进入卖家"千牛工作平台"，单击"商品"，在"商品管理"下单击"我的宝贝"，再单击"滞销下架宝贝"，如图5-1-9所示。

值得注意的是宝贝被系统判定为滞销商品后是无法通过搜索找到的，也就是说用所有的标题去搜索，都找不到该宝贝。若想让其成为正常商品，只能修改商品的标题、价格等内容以后重新发布。

三、造成商品滞销的原因

1. 没有经过数据分析，盲目囤货

这种情况常见于新手卖家，由于新手卖家缺乏选款经验，往往看到自己认为好的款式并没有经过任何数据分析就盲目大量进货上架，而这样做的后果就是经常上架不受市场欢迎的商品，消费者不感兴趣，从而沦为滞销品。

2. 不符合市场需求或者被市场所淘汰

这种情况常见于服装鞋包等具有明显季节特征的商品类目，当季节更替，换季产品销量就会出现下滑，如冬天卖短裤背心、夏天卖保暖内衣，这样就容易造成滞销。

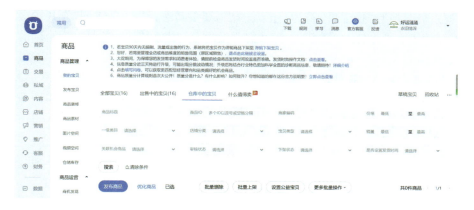

图 5-1-9　"我的宝贝"页面

3. 产品更新换代, 库存的产品已经过时

这种情况常见于手机等数码产品, 产品更新换代之后, 旧的款式由于功能落后等不再受消费者青睐, 不容易出售, 沦为滞销品的可能性大大增加。

活动三　策划滞销品的促销方案

通过市场分析, 我们发现绝大多数自热火锅的销售渠道为线上平台, 在淘宝平台上, 销售自热火锅的店铺已达5 000余家。在如此激烈的市场竞争环境下, 有的店铺月销售量竟高达上万件, 这无不与店铺成功的促销策划方案有关。滞销品的促销策划方案可以从以下几个方面进行思考。

一、优化标题

抛掉旧的标题, 重新确定标题的核心词, 重新筛选出与宝贝相匹配的关键词, 最好是由宝贝属性词展开, 这些属性词也称为宝贝长尾词。

 做一做

通过店铺检测, 宜品电商团队发现一款麻辣味自热火锅产品已被系统自动划分为滞销品, 该团队决定下架这款产品。通过查看评价得知, 大部分消费者认为该产品麻辣味太重, 吃了肠胃受不了。请你为这款产品设计一个新标题, 为后期的重新上架做准备。将拟定的新标题书写在下面的横线上, 注意淘宝宝贝标题最多允许30个字。

_____

二、优化宝贝页面

重新制作宝贝主图和详情页, 并且重新设定价格, 先参考其他竞品的价格后得出平均价格, 设定的新价格与这个平均价格持平或高10%, 但修改幅度不能太大, 避免造成宝贝审核期间的隐形降权。

三、重新上架

除了前面两种直接优化工作, 还有一种就是将滞销宝贝重新包装成为一个新的宝贝上架。这就需要将宝贝先下架或者删除链接, 使用新的标题或图片重新上架。如果不修改信息,可能会被系统误判为"换宝贝"行为。重新上架需要重新选择宝贝关键词,图片拍摄角度也要更换,详情图中的文案也要重新设计,我们要做的就是让系统认为这是一个全新的宝贝并给予新品扶持。

四、参加平台场景营销活动

商家还可以参加平台的场景营销活动,如淘宝天天特卖、聚划算等。参加电商平台场景营销活动可以按照以下步骤进行。

1. 活动准备阶段

了解活动信息:在活动开始前,通过查看活动公告或相关营销邮件,了解活动的具体时间、主题、规则等信息。

店铺准备:检查店铺的活动准备情况,包括商品库存、促销策略、店铺装修等,确保店铺符合活动要求。

制订营销策略:根据活动主题和目标,制订相应的营销策略,如优惠券、满减活动、限时特价等。

宣传推广:通过社交媒体、电子邮件、短信等方式,向客户宣传活动信息,提高活动的知名度。

2. 活动进行阶段

接待客户:在活动期间,确保店铺客服在线,及时回答客户的问题和疑虑。

实施营销策略:根据之前制订的营销策略,执行相应的促销活动,吸引客户购买。

监控数据:密切关注店铺的数据变化,包括流量、销售额、客户反馈等,根据数据进行适当的调整。

推广优化:根据活动效果和客户反馈,不断优化推广策略,提高活动效果。

3. 活动结束阶段

总结分析:活动结束后,对活动的效果进行总结和分析,评估活动的收益和不足之处。

客户回访:向参与活动的客户进行回访,了解他们的购买体验和对店铺的满意度。

反馈改进:根据客户的反馈和活动的总结分析,发现存在的问题和不足,制订改进措施,为下一次活动做好准备。

感谢客户:向参与活动的客户表示感谢,并鼓励他们再次光顾店铺。

通过以上步骤,可以有效地参加电商平台场景营销活动,提高店铺的知名度和销售额。同时,注意在活动中保持与客户的良好沟通,提供优质的服务,提升客户满意度和忠诚度。

 运营实战

我们以某品牌自热火锅为例,来看看它是如何塑造独特的品牌形象,获得经济和口碑的良好收益。

(1)独特包装,提高产品的识别度

在同质化现象明显的自热火锅市场,大红主题色配上常规的方形塑料盒在自热火锅市场比比皆是,如图5-1-10所示。某品牌自热火锅别出心裁,采用独特的圆形桶装塑料盒,再搭配醒目的高饱和色彩如红色、紫色与蓝色等相互碰撞,自由新潮而富有想象力,在消费者心中成功树立品牌形象,同时强调包装材料的环保、健康,直击消费者痛点,如图5-1-11所示。

图 5-1-10 常见自热火锅产品包装

图 5-1-11 某品牌自热火锅包装

（2）积极研发新产品，拓宽市场

某品牌自热火锅出现一个月销量高达10万盒的爆火产品后，积极创新，研发新产品，如专为有孩子的年轻人群设计的牛排系列，专为吃火锅时喜欢搭配饮料人群设计的饮品系列，进军细分市场，扩大销量。

（3）产品组合定价，热品带动滞销品

价格是营销的生命线，产品定价策略是市场营销中极为灵活与关键的一环。某品牌自热火锅采用组合定价方式，使用组合套餐优惠价来刺激消费者的购买欲望。此策略不仅可以促进销量，同时对推销新产品、带动滞销品有极大的帮助。

（4）充值打折，吸引用户

某品牌自热火锅在店铺首页推出充300得310购物金，充500得525购物金活动，如图5-1-12所示。这种促销方案深受消费者欢迎，如打折力度大，可以有力刺激用户的充值热情，提高店铺会员人数。

图 5-1-12 充值打折

总之，该品牌自热火锅通过明确的目标市场定位、产品创新、强大的品牌推广、合理的价格策略等多方面的策略，成功地实现了营销目标，取得了很大的成功。

做一做

临近国庆旅游黄金周，宜品电商团队代理的一家销售自热火锅的店铺将上新一批藤椒味和咖喱味新品，咖喱味小火锅可以使食材的味道更浓郁，藤椒味小火锅则吃起来更麻。当前店铺销量最好的口味是麻辣味和番茄味，为开拓新品市场，请你设计一款组合+折扣的促销方案为店铺引流。

运营总监点拨

市场分析是营销决策的基础和依据，营销决策是根据市场调查的结果和发现对具体市场营销活动做出决策、决定的行动。市场调研对于营销管理来说，其重要性犹如侦察之于军事指挥。不做系统客观的市场调研与预测，仅凭以往经验就做出种种营销决策是非常危险的行为。

另外，线上平台也需要合法竞争，不能以次充好，冒用他人商标。自觉遵守《中华人民共和国反不正当竞争法》相关规定，维护社会安全稳定发展是每个公民的责任和义务。

YUNYINGZONGJIANDIANBO

[任务二]

借助营销工具促销

◆ **任务描述**

宜品电商团队在网上搜索自热火锅，发现大部分自热火锅都在搞促销活动，常见的促销有打折、送优惠券、满减、搭配购买等。宜品电商团队根据店铺实际情况，决定选用优惠券、单品宝、搭配宝三种营销工具开展相应的促销活动，从而达到店铺引流、提升转化率、提升客单价的目的。

◆ **任务实施**

活动一　设置优惠券营销工具

首先了解优惠券的特点以及设置优惠券、管理优惠券的技巧，根据店铺实际情况，合理选择优惠券的类型，并设置优惠券。设置优惠券营销工具的流程如图5-2-1所示。

图 5-2-1　设置优惠券营销工具的流程图

一、认识优惠券

微课

站内促销：优惠券

优惠券是一种由官方提供的满足商家灵活定向优惠的营销工具，可以给不同人群、不同渠道发放不同的面额，也可以选择仅部分商品可用（商品券）或全店商品通用（店铺券），帮助商家提高消费者的下单率，从而提升店铺的销售总额。优惠券有领取型优惠券、定向发放型优惠券、金币兑换型优惠券、秒抢优惠券、聚人气优惠券五种类型，其特点见表5-2-1。

表5-2-1　**优惠券的主要类型**

类型	特点
领取型优惠券	公开面向所有买家，主要用来进行变相降价促销，提升转化率和提高客单价等
定向发放型优惠券	一种是对曾经浏览过店铺，下过订单的买家进行发放；另一种是通过二维码进行发放，主要是通过线上或线下渠道传递二维码给特定买家
金币兑换型优惠券	在手机端的金币频道，通过金币兑换优惠券，优惠券金额越高，买家所要花费的金币就越多
秒抢优惠券	通过无门槛的大额优惠券吸引买家到店，可有效维持店铺的买家活跃度
聚人气优惠券	通过买家"人传人"的形式快速给店铺带来新流量，买家只有邀请其他买家帮其领取，才能获得此店铺优惠券，也称裂变优惠券

做一做

打开淘宝网，搜索关键词"自热火锅"，按销量排序，记录排名靠前店铺的优惠券内容及类型，将查询到的信息填写在表5-2-2中。

表5-2-2 自热火锅竞品优惠券信息

序号	店铺名称	优惠券内容	优惠券类型
1	莫小仙	满40减5	商品券、领取型
2			
3			
4			
5			

 **运营实战**

团队了解了优惠券的类型及特点，决定根据店铺实际情况以及无人机竞品促销活动数据，确定优惠券的内容以及类型，将相关内容填写在表5-2-3中。

表5-2-3 无人机竞品优惠券信息

序号	店铺名称	优惠券内容	优惠券类型
1			
2			
3			

二、设置优惠券

优惠券分为店铺券和商品券，如果希望券对所有商品生效，则选择店铺券；如果希望仅对部分商品生效，则选择商品券，下面是设置店铺券的操作方法。

1. 创建入口

进入"千牛工作平台"，单击"营销"→"营销工具"→"优惠券"，进入活动页面，选择新建店铺券，单击"新建"，如图5-2-2所示。

2. 设置优惠券信息

优惠券信息包括推广方式、名称、使用时间、开始透出时间、面额门槛、发放量、每人限领。

（1）选择推广方式，如图5-2-3所示。默认为全网自动推广，还有自由渠道推广、定向渠道推广、定向人群运营、定向场景运营。

（2）输入名称。默认填充：券基础类型（店铺券/商品券）+日期，支持手动修改。

（3）设置使用时间、开始透出时间。开始透出时间不得晚于开始使用时间。勾选"到期

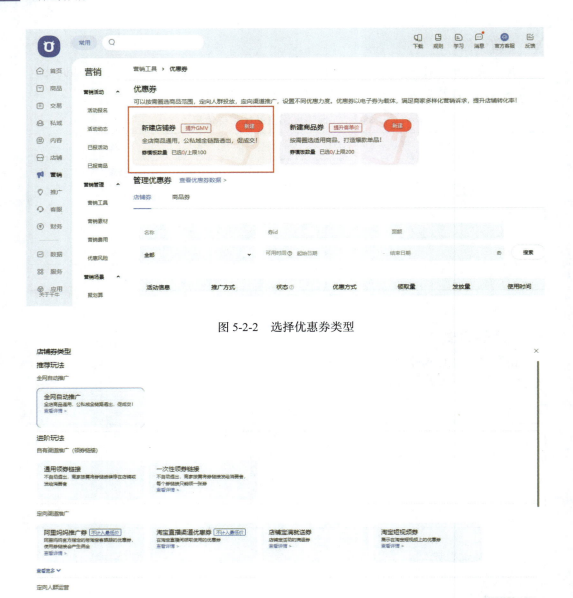

图 5-2-2　选择优惠券类型

图 5-2-3　选择推广方式

提醒"后，活动到期前48小时，将出现在营销工作台—优惠监控看板中，及时提醒运营人员调整优惠设置。

知识窗

优惠券最早提前60天创建。

优惠券有效时长不能超过60天。一方面，时间跨度太长会削弱消费者下单的急迫感；另一方面，消费者领券后长期不核销，导致大量无用的券积攒在卡包中，无法领取更多的券。

ZHISHICHUANG

文档

优惠券使用
规则

（4）设置面额门槛、发放量、每人限领。依次输入目标优惠券的整数金额即可，如满100元减10元，除全网自动推广券、领券链接外，均支持设置无门槛券。无须输入门槛，默认=面额+0.01元。输入发放量，即一共发放多少张优惠券；每人限领默认为1张，可以根据需要设置，如图5-2-4所示。

图 5-2-4　优惠信息

（5）优惠券风险效验。设置完成后，单击"提交风险校验"，系统会校验优惠信息，防止店铺让利过度而带来资损。

知识窗

1.风险校验的主要内容

风险校验主要包括总体让利金额以及优惠叠加风险。

总让利金额=发放量×优惠券面额

非无门槛券：上限10万张；无门槛券：上限50万张。

优惠叠加风险：在优惠券有效时间内，如果该优惠券覆盖的商品存在优惠叠加风险，则会出现低价提醒。

2.如何判定优惠叠加风险

在优惠券有效时间内，当扣除商品身上叠加优惠金额后，商品的预估最低到手价小于红线价，则该商品有优惠叠加风险。

默认红线价=商品单品优惠价（商品标价）×0.5，可前往营销健康中心调整设置。

ZHISHICHUANG

 做一做

以自热火锅为例，尝试创建一个商品券。

文档

如何在无线端
设置优惠券

 **运营实战**

元旦来临之际，宜品电商团队准备根据店里近3个月无人机销售情况以及竞品促销活动情况，通过店铺优惠券的形式做一次营销活动。

活动名称：店铺优惠券；

活动规则：满300减10面额，发行量100张，每人限领2张；

使用期限：2023-12-31—2024-03-10。

三、管理优惠券

风险校验通过后，可以对店铺券和商品券进行管理。

（1）查看优惠券数据，主要包括领取张数、使用张数、支付金额、支付买家数等。

（2）根据店铺数据，对优惠券进行修改、结束、复制等操作，如图5-2-5所示。

图 5-2-5　管理优惠券

活动二　设置单品宝营销工具

我们首先了解单品宝的特点以及设置单品宝、管理单品宝的技巧，根据店铺实际情况，合理设置单品宝。设置单品宝营销工具的流程如图5-2-6所示。

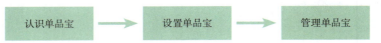

图 5-2-6　设置单品宝营销工具的流程图

一、认识单品宝

单品宝是支持设置单品折扣的官方折扣工具，是最基础的促销玩法，其优惠可以直接表现在划线价上，如图5-2-7所示。

图 5-2-7　单品宝优惠展现方式

（1）单品宝支持商品级/SKU级不同维度的设置。

（2）单品宝有"打折""减钱""促销价"多种优惠方式可以选择。

（3）单品宝可设置定向人群，或对不同等级的会员设置不同的优惠层级。

二、设置单品宝

单品宝是设置单个商品价格折扣的方法，需要借助活动来设置，如商品上新、节假日、季节、热卖清仓、店庆等活动。下面是设置单品宝的操作方法。

1. 创建入口

进入"千牛工作平台"，单击"营销"→"营销工具"→"单品宝"，进入活动页面，可以自定义新建，或者从"粉丝专享价""会员专享价""新客专享价""老客专享价"等活动模板对粉/会/新/老人群设置专属优惠，如图5-2-8所示。

图 5-2-8　单品宝入口

2. 填写活动基本信息

单品宝活动信息主要包括活动标签、活动名称、开始时间、结束时间、优惠级别、优惠方式、活动包邮、活动到期提醒，如图5-2-9所示。

图 5-2-9　填写基本信息

（1）选择活动标签：活动标签包括日常活动和官方活动。日常活动标签主要有上新类、节日类、季节类、热卖清仓类等，如图5-2-10所示，如国庆促销、六一促销、新品促销等。官方活动主要为限时特惠、粉丝专享价、会员专享价、已购会员专享价、新客专享价、老客专享价等。

图 5-2-10　活动标签

（2）输入活动名称：最多20个字，仅用于商家内部管理活动，不会对外展示。

（3）设置开始时间/结束时间：设置的时间可精确到秒。

（4）设置优惠级别：支持两种设置方式，即商品级和SKU级。

（5）设置优惠方式：支持三种优惠方式，即打折、减钱、促销价。

 做一做

收集常用的活动标签，并填在表5-2-4中。

表5-2-4　活动标签

类型	标签内容
上新类	新品促销、新品抢购
节日类	
季节类	
店庆类	
热卖清仓类	

3. 设置活动商品

活动商品的设置支持两种方式：手动勾选和批量上传。

知识窗

以下情况的商品不支持添加单品宝。

（1）同一时间内参与其他活动的商品（该时间内，已经参加了其他活动）；

（2）规则管控的某些特殊类目不得参与（如虚拟类目不得参与单品宝活动）。

ZHISHICHUANG

4. 设置商品优惠

对已选择的商品设置相应优惠，支持"限购"设置的商品折扣需不低于店铺最低折扣，否则系统会提醒报错；此处的"限购"是指享受优惠的数量，超过限购数量需按原价购买，单击"保存"按钮即可成功创建单品宝活动，如图5-2-11所示。

图 5-2-11　设置商品优惠

（1）单个商品级活动下，最大商品数量不能超过20 000个，由于系统处理能力有限，建议活动商品不超过10 000，以免导致系统处理过慢；单个SKU级活动下，所有商品累计SKU数量不能超过20 000个，推荐使用商品级活动进行创建。

（2）单次提交的商品数量或SKU数量不能超过1 200。

（3）单品宝活动最多可创建100个，包含未开始、进行中和暂停三个状态。

（4）预售商品无法设置单品宝，大促优先。

 做一做

打开淘宝网，搜索关键词"自热火锅"，按销量排序，记录排名靠前店铺的单品宝促销活动内容，将查询到的信息填写在表5-2-5中。

表5-2-5　"自热火锅"店铺单品宝促销信息

序号	店铺名称	促销信息	标签
1	中石化易捷食品专营店	满1件9折	新品促销
2			
3			
4			
5			

 运营实战

元旦来临之际，宜品电商团队准备根据店铺近3个月无人机销售情况以及竞品促销活动情况，通过打折的形式做一次营销活动。

活动标签：新品促销；

活动规则：部分商品限时8折；

使用期限：2023-12-31—2024-03-10。

三、管理单品宝

单品宝活动创建成功后，可以在活动管理中查看，并随时进行修改、添加商品、暂停等操作，如图5-2-12所示。

图 5-2-12　单品宝活动管理

运营总监点拨

设置单品宝活动时，除使用官方活动标签"限时特惠"会在商品详情页展示活动开始时间和结束时间外，使用其他标签，单品宝活动时间不会展示在商品详情页，建议在其他页面标明本次促销价格的有效期间或结束时间，并切实履行对用户的价格促销承诺，以保障用户体验，避免法律风险。

YUNYINGZONGJIANDIANBO

活动三　设置搭配宝营销工具

搭配宝是将多个商品组合起来售卖的一种促销方式，接下来将介绍搭配宝的特点以及设置搭配宝的技巧。设置搭配宝营销工具的流程如图5-2-13所示。

图 5-2-13　设置搭配宝营销工具的流程

一、认识搭配宝

搭配宝是为卖家研发的专属商品搭配工具，是将几种商品组合在一起设置成套餐来销售，通过促销套餐可以让买家一次性购买更多的商品，利于提升客单价及平均购买件数。如图5-2-14所示为防晒服和防晒帽的搭配组合。

防晒服和防晒帽

防晒服和防晒帽组合，可以自由选择，多种场景使用！

最多可省 ¥ 6　　　　　　　　　　活动至2023-09-18

图 5-2-14　搭配套餐效果图

二、设置搭配宝

搭配宝是将多个商品组合在一起售卖，商品的组合（即关联）方式包含互补关联、替代关联、潜在关联。下面是设置搭配宝的操作方法。

1. 创建入口

进入"千牛工作平台"，单击"营销"→"营销工具"→"搭配宝"，进入搭配宝创建页面。

2. 创建活动

选择主商品和搭配商品。首先添加主商品（不支持赠品、虚拟商品、预售商品等），再根据需求添加搭配商品，最多可选择8个，如图5-2-15所示。

图 5-2-15　选择商品

知识窗

搭配套餐是针对商品的促销方式，而不是整个店铺。一个店铺最多只能设置4个搭配商品。

搭配套餐的设置是建立在商品之间内在联系上的，目的是提高销量。

适合搭配套餐的商品：服装类、化妆品类、零食类。服装是最好搭配的类目，可以衣服+裤子+帽子搭配，也可以同色系的衣服、同风格的衣服搭配。化妆品大多数是以套装的形式售卖。零食类商品单价比较低，买家倾向于按套餐购买。

常见的关联方式有互补关联、替代关联、潜在关联。

（1）互补关联：强调搭配的商品和主推商品有直接的相关性，如主推商品为鼻贴，那可以搭配面膜、洗面奶等同场景产品。

（2）替代关联：指主推商品和关联商品可以完全替代，如主推商品为圆领T恤，那么关联产品可以是V领T恤，也可以是立领T恤等。

（3）潜在关联：重点强调潜在互补关系，这种搭配方式一般不推荐，但是针对多类目店铺时，可以考虑。如主推商品为泳衣，那潜在关联的商品可以为防晒霜，从表面上看，这两种商品毫无关系，但是在潜在意义上，买泳衣的人可能在户外游泳，因此防晒霜也是有必要购买的。

ZHISHICHUANG

3. 设置套餐及优惠

套餐设置如图5-2-16所示。

图 5-2-16　设置套餐

知识窗

- 套餐分类：支持自选商品套餐和固定组合套餐。自选商品套餐是指套餐中的附属商品，消费者可以自由选择购买。固定组合套餐是指商品打包成套餐销售，消费者无法自行选择。
- 设置规则：套餐名称限10个字内；套餐介绍限50个字内。
- 图片要求：

大小：图片尺寸要求1 125px×1 125px。

主图规范：确保为白底图，并重点突出主商品，勿在图片上添加价格及促销文案；下载行业模板作为参考（童装、童鞋行业，请参考服饰行业模板），可根据实际情况微调（若不符合图片规范，套餐将不会在主搜上出现）。

ZHISHICHUANG

4. 套餐投放

套餐承接页可以扫码或复制链接进行投放。

 做一做

表5-2-6所示是自热火锅店铺的部分产品，如果你是该店的运营人员，你会选择哪些产品搭配组成套餐？将你的选择填写在表5-2-7中。

表5-2-6　店铺部分产品信息

商品名称	商品图片	商品价格/元	进货价/元
自热火锅麻辣嫩牛		31.9	15
自热火锅香辣素食		21.9	10
红牛饮料6罐整箱批发		33.2	20
螺蛳粉		31.5	17
火锅底料		14.9	7

表5-2-7　搭配宝套餐详情

套餐名称	
套餐介绍	
套餐类型	○自选商品套餐　　○固定组合套餐
选择优惠	○使用优惠　　　　○不使用优惠

续表

活动时间			
活动预热			
主商品	自热火锅麻辣嫩牛	原价	优惠价
搭配商品			

三、管理搭配宝

搭配套餐设置好后,可以对其进行管理并查看数据。

（1）套餐管理。在套餐管理中可以对搭配套餐进行编辑、暂停或删除操作。

（2）套餐商品管理。在套餐商品管理中可以对商品进行编辑套餐、撤出套餐、指定套餐操作。

（3）数据预览。可以在数据预览中查看套餐的订单数以及连带率等。

文档

搭配宝使用
规则

 运营实战

表5-2-8所示是无人机店铺的部分产品,如果你是该店的运营人员,你会选择哪些产品搭配组成套餐? 将你的选择填写在表5-2-9中。

表5-2-8　无人机店铺的部分产品

商品名称	商品图片	商品价格/元	进货价/元
专业5 000米避障无人机		819	600
飞机直升机航模飞机模块化锂电池		60	30
无人机收纳包		124	60

表5-2-9　搭配宝套餐详情

套餐名称	
套餐介绍	

续表

套餐类型	○自选商品套餐　　○固定组合套餐		
选择优惠	○使用优惠　　　　○不使用优惠		
活动时间			
活动预热			
主商品	专业5 000米避障无人机	原价	优惠价
搭配商品			

运营总监点拨

　　在设置促销活动时,一定要算清自己的利润,避免因为优惠叠加或设置错误,导致出现商品亏损的情况。注意遵守营销工具的规则,按优惠活动的内容,履行承诺,避免买家投诉。

YUNYINGZONGJIANDIANBO

[任务三]

No.3

活动促销

◆ 任务描述

　　由于产品更新换代,宜品电商团队的知名产品"麻辣牛肉自热火锅"进入了销售瓶颈期,消费者购买指数降低,久而久之这款自热火锅沦为滞销品。为了挽回颓势,宜品电商团队计划重新编辑上架该产品并进行多渠道销售,策划一些淘宝促销活动,如聚划算、优惠券发放、天天特卖,还会在产品详情页做一些促销活动,如满减、免费试用、下单送礼品、多件优惠等。

◆ 任务实施

　　商家如果想在淘宝上做产品推广,首先要了解常见的淘宝场景营销方式,如淘宝大促、天天特卖、聚划算、百亿补贴等。这些就是淘宝推出的场景营销活动,如图5-3-1所示。

图 5-3-1　场景营销活动

淘宝场景化营销就是通过淘宝短视频或者内容页的内容来展现产品的特质，这样很容易让消费者产生代入感，因此就能大大提升成交量。

 做一做

在淘宝平台做场景营销，无论选择哪一种场景营销方式，都要结合自身店铺的优势和特点来考虑。比如推广的商品是自热火锅，其特点是方便快捷，能随时随地享受火锅。那么如果只是将"方便快捷"这几个大字放在产品图的下方，这样的图看起来不具有任何说服力。如果能够设置一个营销特点，比如多种口味等，这样就更能从众多淘宝商品中脱颖而出，图5-3-2展示了多种口味的自热火锅，能满足不同人群的口味需求；图5-3-3突显了方便快捷，能随时随地享受火锅。

结合店铺活动，你还可以构建出麻辣牛肉自热火锅的哪些营销特点呢？将第3点和第4点用文字表述出来。

图5-3-2	图5-3-3
第1点：多种口味，能满足不同人群的口味需求	第2点：方便快捷，能随时随地享受火锅
第3点：	第4点：

活动一 天天特卖营销

微课

天天特卖

一、申请天天特卖营销活动的作用

天天特卖是一个快速大量吸引消费者流量的淘宝活动,其链接位于淘宝网的首页,如图5-3-4所示。为什么建议滞销品加入天天特卖活动呢?店铺参加天天特卖活动有哪些作用呢?

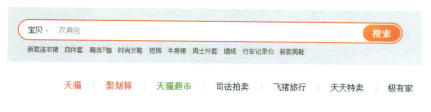

图5-3-4 天天特卖入口

1. 为店铺引流

店铺或者商品参加天天特卖活动,访客通过活动宝贝进入店铺,流量就自然引进店铺。

2. 为店铺提升转化率

店铺或者商品参加天天特卖活动,可以在短期内快速提升店铺销量。

3. 为商家测款

商家可以借天天特卖活动测款,因为很多商家都无法承担直通车测款的高昂费用,这样天天特卖活动就成了一个非常不错的测款机会。

🤔 想一想

面对目前店铺经费不足的经营现状,“麻辣牛肉自热火锅”成为滞销品,店主是普通的淘宝商家,有必要去参加天天特卖活动吗?请将答案及理由写在下面的横线上。

_____

_____

二、申请加入天天特卖活动的条件

天天特卖活动吸引了很多消费者的关注,部分商家也希望通过活动为自己的店铺积累一波人气和流量。天天特卖的报名方式丰富多样,但如果想要活动报名成功,需要遵守活动规则和店铺要求,具体内容见表5-3-1。

表5-3-1 天天特卖活动规则

服务规则	
规则分类	规则内容
收费规则	活动需要收佣金
运费险规则	要求活动商品提供运费险

续表

商品规则	
规则分类	规则内容
商品近30天销售件数	近30天的销售件数必须在100件及以上
报名商品数量限制	最多可提交500件商品
报名库存数量	活动报名库存要求在500件以上
店铺要求	
规则分类	规则内容
特卖48小时揽收率限制	48小时揽收率要符合要求
消保协议	淘宝店铺须支持淘宝消费者保障服务，包含需签署消费者保障服务协议及店铺保证金足额

做一做

根据所学知识，滞销品促销除了设置天天特卖营销场景，还可以运用哪些场景营销活动呢？请你将答案写在下面的横线上。

_____

三、淘宝天天特卖活动的报名流程

如果部分商家想要参加天天特卖清仓活动,那应该如何报名呢?

1. 选择营销场景

进入"千牛工作平台",单击"营销活动"→"活动报名"→"营销场景"→"天天特卖",如图5-3-5所示。

图 5-3-5 "天天特卖"活动报名入口

2.完成报名工作

单击"立即报名",进入报名界面后,分别按指引签署协议和填写商品信息,完成报名工作。具体操作流程如图5-3-6所示。

图 5-3-6 报名流程提示

 运营实战

某淘宝店铺中的智能无人机是滞销品,你作为运营人员,计划在淘宝平台中报名参加天天特卖营销活动,请在下面如实记录核心操作步骤。

四、天天特卖活动的报名技巧

对于淘宝卖家来说,自然需要掌握淘宝营销的方式,同时也要清楚淘宝营销的策略。如在天天特卖活动报名过程中,需要注意商品价格要有吸引力,如果涉及专柜正品字样,需要取得授权书等,具体内容见表5-3-2。

表5-3-2 活动报名技巧

活动报名技巧	活动报名技巧解读
精选宝贝	卖家提前分析店铺热卖、近期热搜的相关宝贝 如果是有一定销量基础,并且清仓甩卖的宝贝,自然会通过报名
价格定位	提前使用单品宝设置折扣价,突显宝贝折扣的吸引力,一定要是货真价实的折扣 如果只是提高原价再利用工具设置折扣,打折之后的价格和之前的售价一样,这样的宝贝是不会通过审核的
宝贝页面	即便是特价促销类活动,也要保证宝贝页面简洁优质。这样才可以保证转化率,有更大的机会报名成功
涉及授权	淘宝宝贝标题、主图等内容中如果出现"专柜正品"字样、明星肖像、著名卡通形象等,都必须取得授权

续表

活动报名技巧	活动报名技巧解读
基础数据	如果用新的宝贝链接进行报名，需要至少提前一周上架，保证宝贝有销量，有10~20条评价
	宝贝的基础数据，如收藏、加购、访客量要有一定的竞争力，这代表了宝贝的受欢迎程度

 运营实战

某淘宝店铺的综合体验得分关系到店铺的转化率，如果得分太低，也会使店铺参加天天特卖活动受到限制。现在请你参考淘宝店铺提供的数据，计算该店铺的综合体验得分，并将答案填在表5-3-3中。

表5-3-3　店铺综合体验得分

考核维度	考核得分	考核指标	计算公式	综合体验得分
商品体验	5.0	首次品退率、商品DSR差评率	综合体验得分(原基础服务分)=商品体验得分×25%+物流体验得分×25%+咨询体验得分×10%+售后体验得分×20%+纠纷体验得分×20%	
物流体验	3.5	揽收及时率、物流到货时长		
咨询体验	2.0	旺旺人工响应时长、旺旺满意度		
售后体验	0	退款处理时长、平台售后任务处理时长		
纠纷体验	5.0	平台求助率、平台判责率		

运营总监点拨

报名淘宝天天特卖活动不需要交费，但是订单交易成功后会收取一定的佣金。扣费方式是在消费者确认收货时，按照每笔订单的金额实时扣取。

佣金费用=订单成交金额×服务费率

除一些营销活动有特别的服务费率规定外，普通的天天特卖活动都是依据不同的类目来收费的，一般是按6%~8%的费率进行计算。

YUNYINGZONGJIANDIANBO

活动二　聚划算促销

聚划算是阿里巴巴集团旗下的团购网站，已经成为展现淘宝卖家产品的主要团购平台。聚划算的核心是"聚"，这意味着需要聚集各种品质好货，同时由于是做团购，价格也要有优势，所以将滞销产品加入团购活动是一种合适的促销方式。聚划算主会场页面如图5-3-7所示。

图 5-3-7 聚划算主会场

一、认识聚划算

聚划算是在天猫商城开设的在线运营活动,由天猫官方认证。聚划算开团后便会在某一时间段内发布一些商品出售信息,在规定的时间内购买商品时,就会较为便宜。主题活动结束后,消费者就不可以再享受团购价。

微课

聚划算活动营销

1. 开团类型

目前,聚划算的开团形式主要包括单品团、品牌团、主题团,具体介绍见表5-3-4。

表5-3-4 聚划算开团类型

开团类型	团型介绍
单品团	指汇聚淘宝和天猫的单个优质商品,以单个商品参团的活动形式
品牌团	指汇集国际、国内知名品牌(含知名淘品牌),以单个店铺或单个品牌的多款商品同时参团的活动形式
主题团	指针对某一特定主题,由两个以上符合该主题的店铺同时参团的活动形式

2. 业务类型

聚划算活动根据不同的消费者需求有不同的业务类型,见表5-3-5。

表5-3-5 聚划算业务类型

业务类型	业务介绍
聚名品	以汇集国际高端、知名品牌商品为目标,致力于打造成为时尚人士购买品牌商品的首选团购聚集地,从而更好地实现为消费者挑选具备更高性价比的商品
品牌清仓	为品牌提供库存货品销售渠道,同时为广大消费者带来高性价比品牌商品,具体活动形式参考活动招商页面
全球精选	汇聚了全球进口商品,向消费者提供极具性价比的海外商品,所有商品均为原装进口,商家来源于淘宝/天猫/天猫国际经营进口商品的店铺

二、聚划算的收费模式

聚划算是淘宝商家非常重视的一个活动板块,根据店铺的实际情况不同,商家可以选择报名不同的聚划算活动,帮助商家解决销量的问题。不过想要参加聚划算活动,首先得了解聚划算的收费模式,目前的收费模式有两种:基础收费模式和特殊收费模式。

1. 基础收费模式

基础收费模式就是淘宝商家报名聚划算活动后的基础费用。只要商品审核通过,商家就需要提前支付一笔基础费用至绑定的支付宝内。在所有商品正式参团时,基础费用将划扣至聚划算账户并不予退回,但各项具体费用以淘宝平台发出的官方活动细则为准,基础收费模式可以参考表5-3-6的数据。

表5-3-6　基础收费模式参考数据

订单来源	基础费用标准	封顶费用标准
非聚划算渠道内订单	2 500元/天	
聚划算渠道内交易订单		50 000元/天
总费用=固定基础费用+实时划扣技术服务费+封顶费用 实时划扣软件服务费=消费者确认收货的金额×技术服务费率 部分业务类型对基本成本和封顶成本有特殊规定		

2. 特殊收费模式

特殊收费模式的内容参考表5-3-7。

表5-3-7　特殊收费模式

收费模式	收费模式解读
实时划扣服务费	按照确认收货的成交额及所在类目的服务费率实时划扣,且部分业务或品牌按照对应类目的实时划扣服务费的8折扣费
竞拍费用	商家在竞拍成功后提前支付一笔竞拍费用至绑定的支付宝内,并于开团时由系统划扣至聚划算的账户并不予退回

在报名聚划算活动的时候,一定要仔细核算成本,在能够获利的情况下参与活动,千万不要亏本赚吆喝。

 运营实战

宜品电商团队经营的店铺打算参加聚划算活动,聚划算活动规则见表5-3-8。

表5-3-8　聚划算活动规则

品牌团	店铺团	单品团
全域抽佣	全域抽佣	全域抽佣
保底80 000元	保底12 000元	无保底
封顶200 000元	封顶150 000元	封顶7 000元

　　知名智能无人机的原淘宝单价为139元/件，计划冲击销量100 000件。现在请预估宜品电商团队参加聚划算活动单品团，应准备多少运营资金呢? 将内容填写在表5-3-9中。

表5-3-9　运营资金规划

收费方式	预计运营资金（单位：元）	理由
基础收费		
特殊收费		
假设：技术服务费的费率为5.0%		

三、聚划算活动要求

　　聚划算无疑是一项效果明显的网店活动，目前很多店家都在想办法参与聚划算活动，那么对于淘宝卖家参与聚划算清仓品牌团有什么要求呢? 请上网查看聚划算活动的审核指标。

 运营实战

　　宜品电商团队经营的店铺在销售30件不同种类的智能无人机，无不良销售记录，DSR评分在4.6以上。最近店铺没有参加任何活动，所以引流陷入困难期，宜品电商团队打算将店铺中的5 000件智能无人机进行清仓处理。判断此店铺的商品是否满足聚划算活动的基本要求。填写表5-3-10。

表5-3-10　检验店铺是否符合聚划算活动要求

活动筛选	条件	店铺是否符合要求
单个宝贝数量	大于1 000件	
店铺同一个月参加活动	限制2次	
店铺中违规商品	无	
报名商品最近一个月的销售记录	大于10件	

四、聚划算活动报名渠道

　　1.选择营销场景

　　进入"营销活动中心"，单击"活动报名"→"营销场景"，选择日常报名入口，单击"聚划算"。

　　2.报名流程

　　进入后可查看活动信息，单击"下一步"，即可看到活动的报名流程，具体如图5-3-8所示。

　　3.确认信息后签约

　　进入签协议页面，如已签约则跳过这一步，没有签约就确认支付宝账号信息等即可签约。

　　4.填写商品基本信息

　　选择对应活动类型、报名类目、期望开团时间，填写商品基本信息并提交后，等待审核。

图 5-3-8 报名流程

 **运营实战**

当前的淘宝店铺满足了聚划算的活动要求，现计划加入聚划算促销5 000件智能无人机，请将在操作过程中遇到的困难记录在下面的横线上。

_____

五、聚划算商品页面装修技巧

聚划算的流量和转化都是非常可观的，商家们报名聚划算获得通过后，为了更好地引流，页面的活动装修是必不可少的，具体装修技巧可参考表5-3-11。

表5-3-11 聚划算页面装修的小技巧

装修技巧	装修技巧解读
聚划算插件	聚划算插件是帮助商家装修店铺的营销类小工具。 报名聚划算且审核通过的商家，可以用本插件在店铺内展示参加聚划算商品
团链接获取	可以在"营销活动中心"→"已报活动"中找到对应活动记录，操作时单击"查看团链"获取，然后将聚划算品牌团链接添加到店铺首页
页面空隙调整	若参聚页面的"团购描述"中，宝贝详情页的图片之间有空隙无法删除，建议先检查间距，然后再删除。 删除方法： ①单击"插入图片"，把"间距"设置为"0"； ②再检查代码部分：代码中有" ；"的全部删除

 做一做

请观察A、B两家店铺的自热火锅营销场景如图5-3-9和图5-3-10所示。你是否认可这两家店铺的营销场景？如果觉得有可以优化的地方，请将建议记录在下面的横线上。

_____

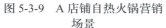

图 5-3-9　A 店铺自热火锅营销　　　图 5-3-10　B 店铺自热火锅
　　　　　　场景　　　　　　　　　　　　　　营销场景

运营实战

某同学一直想要一架属于自己的无人机实现高空拍摄，但当他打开某店铺的无人机页面后，发现详情页介绍简单，具体如图5-3-11所示。

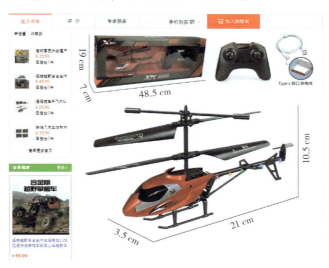

图 5-3-11　某店铺无人机详情页

现在假设本店铺已经通过聚划算活动的审核，你觉得应该如何优化页面提高商品的转化率呢？详情页结构模块应该包括哪些内容呢？请将你的答案写在下面的横线上。

_____

运营总监点拨

聚划算旨在与具有一定市场影响力和商品竞争力，且诚信经营的商家合作，共同为消费者提供具有竞争力的高性价比商品。活动将严格履行自愿、平等、公平、诚信的合作原则，充分尊重商家的自主经营权利，严厉打击不当竞争。

商家一定要诚信经营，不能采用假冒或仿冒等混淆手段从事市场交易。

活动三　淘金币活动

淘金币活动为店铺引入的流量是免费的，类似于天天特价活动。由于很多客户有浏览淘金币频道的习惯，所以设置了淘金币后，店铺流量会明显变化。

一、活动规则

淘金币超级抵钱（简称"金币超抵"）活动，是商家以单品形式报名参与的淘金币高额抵扣活动。活动期间商家可选择单品支持淘金币抵扣报名活动价的50%或30%，商品的金币抵扣让利货值报名要求≥3 000元起（实际最低货值要求以对应的资源专区要求为准），最终通过淘金币折扣优惠快速打造高转化的成交单品。

以下为商品报名让利货值举例：商品报名"金币超抵"，报名的活动标价是100元，则：

（1）如商品参与50%金币抵扣，则商家需报入的最低库存为：3 000元/（100元×50%）=60件；

（2）如商品参与30%金币抵扣，则商家需报入的最低库存为：3 000元/（100元×30%）=100件，具体见表5-3-12。

表5-3-12　不同折扣比例应报的库存数量

抵扣比例	商家需报入的最低库	商品报名"金币超抵"，报名的活动标价是100元
商品参与50%金币抵扣	3 000元/（100元×50%）=60件	
商品参与30%金币抵扣	3 000元/（100元×30%）=100件	

二、淘金币的作用

淘金币可以作为卖家的一种营销手段，既可以通过淘金币建立用户群签到送金币、开通淘金币抵扣现金等功能吸引更多用户，也可以让商品展示在淘金币活动专栏上提升排名。具体的活动意义如下：

1. 个性化流量引入

成功参与"金币超抵"的商家，若同时开通全店商品淘金币推广工具，除正常获取淘金币个性化流量，还可以额外专享7天淘金币任务专区流量加持（日均100万流量），进行个性化推荐（店铺商品无须报名，自动被系统抓取销量大于100的商品，个性化展示）。

2. 让利返商家淘金币

当用户下单"金币超抵"频道内的单品且确认收货后，用户下单抵扣所花费的淘金币的70%奖励到卖家账户，具体计算明细见表5-3-13。

举例：商家报名知名品牌自热火锅的活动价为100元，该品牌参与50%金币抵扣，消费者（用户金币充足时）的到手价是50元（即100元×50%）+5 000金币，此时卖家获取的金币数：5 000金币×70%=3 500金币。

表5-3-13　自热火锅参加淘金币活动

自热火锅活动价	参与50%金币抵扣	奖励卖家的金币数
100元	消费者到手价：50元+5 000金币	5 000×70%=3 500金币

3.营销场景丰富

淘金币活动可以设置参加优惠券赚淘金币,0.01元加淘金币兑换商品等,这些活动可以快速进行引流和转化,提升宝贝的权重,增加用户与卖家之间的黏性,并形成个性化标签,从而达到营销目的。

 做一做

宜品电商团队的麻辣牛肉自热火锅的活动价为29.9元,此商品参与30%的金币抵扣活动。假设现在A客户的金币充足,请你算一算,A客户的到手价是多少呢?淘金币又是多少个呢?请将答案写在表5-3-14中。

表5-3-14　淘金币活动计算表

麻辣牛肉自热火锅活动价	参与30%金币抵扣	奖励卖家的金币数
29.9元	消费者到手价:	

三、淘金币活动频道入口

淘宝推出这种活动是为了能够给各位淘宝商家的商品推广引流,让客户在领淘金币的时候也能浏览相关店铺的产品。买家参加淘金币的活动入口有以下几种方式。

（1）淘宝首页入口。打开手淘页面,单击"全部频道"即可进入淘金币首页固定入口,如图5-3-12所示。

（2）任务打卡入口。通过天天做任务签到打卡,可以免费获取金币,如图5-3-13所示。

（3）金币超值兑换入口。有了金币后,可以进入好货推荐区选择商品抵扣,如图5-3-14所示。

图 5-3-12　淘金币首页频道入口　　图 5-3-13　领取金币入口　　图 5-3-14　专属好货区入口

运营实战

为了帮助店铺引流，增加搜索人气，现在请你为店铺中的无人机商品加入金币抵扣活动，要求参加30%的抵扣活动。

（1）预判店铺是否满足金币抵扣活动的要求？

（2）如果店铺符合淘金币活动要求，请将操作步骤记录在下面的横线上。

运营总监点拨

　　淘金币活动鼓励消费者每天签到或者做一些任务，从而获得相应数量的淘金币。消费者在得到淘金币之后，就能参与平台的淘金币活动。

　　总之，对于各种活动要审时度势，时刻监控数据的波动和异常，实现数据化运营。只有选择适合自己店铺的营销场景，才能够保证参与活动之后收获更多的利润。

YUNYINGZONGJIANDIANBO

【1+X实战演练】

一、单选题

1.市场调查的含义是（　　）。

A.市场调查是针对消费者的调查，主要了解消费者的购买动机和意愿

B.市场调查是调查部门或调查公司的责任和工作，其他人不需要参与

C.市场调查就是设计问卷、访问调查

D.市场调查是为了制订某项具体的决策而对有关信息进行系统的收集、分析和报告的过程

2.探询人们的消费倾向、文化素养、道德规范等对企业的发展会有什么影响，属于（　　）。

A.经济环境调研

B.社会文化环境调研

C.政治法律环境调研

D.科学技术环境调研

3.一些养殖户决定养什么，习惯根据前一年的市场行情决定。如果去年猪肉价格高，今年别人都养猪，那就跟着养猪，结果今年猪的价格因为大量养殖而大幅下跌。这段文字主要说明了（　　）。

A.明年猪肉价格会出现大幅上涨

B.一些养殖户养殖牲畜盲目跟风

C.养殖户不要养殖别人养殖的牲畜

D.上年的市场行情对于养殖户没有决策价值

4. 某产品滞销或者是因为质量不好, 或者是因为价格太高, 或者是因为广告促销没有做好。经分析该产品质量很好, 那么( )。

A. 该产品滞销是因为价格太高

B. 该产品滞销是因为广告促销没有做好

C. 该产品滞销或者是因为价格太高, 或者是因为广告促销没有做好

D. 该产品滞销或者既不是因为价格太高, 也不是因为广告促销没有做好

5. 下列行为不属于《反不正当竞争法》禁止的是( )。

A. 商家甲的海鲜滞销, 眼看海鲜即将死亡, 甲便以低于成本的价格大量销售

B. 商家甲因见"天堂"茶叶销售很好, 于是在自己销售的茶上贴上"天堂"商标, 且将商品的包装换成与"天堂"茶叶相似的包装, 一般消费者很难辨别

C. 甲厂以高额回扣诱使本市几家大型商场的购货人员采购其产品

D. 商家甲在其宣传广告中声称, 某系列的月饼是以进口生肉为原料生产, 但实际上其原材料却是普通本地猪肉

6. 活动促销的本质是( )。

A. 免单   B. 秒杀   C. 折扣   D. 销售

7. 淘宝电商的营销活动多种多样, 从促销活动的范围来看, 分为店铺促销活动和( )。

A. 淘宝促销活动   B. 平台促销活动

C. 亚马逊促销活动   D. 速卖通促销活动

8. 店铺在周年庆时发放100元优惠券给顾客, 数量有限, 送完为止, 消费者占便宜的心理会促使他们领取优惠券, 再想办法使用这张优惠券。消费者的目的是将优惠券兑换成商品, 店铺经营者的目的是在提升转化率的同时( )。

A. 提高成交量   B. 降低店铺跳失率

C. 引流   D. 提升店铺曝光率

9. ( )是淘系规模和爆发力最强的营销平台之一, 也是卖家快速打造爆款及累计用户群的重要营销平台。

A. 淘抢购   B. 聚划算   C. 天天特卖   D. 淘金币

10. 在设计促销活动内容时, 前端页面的信息展示主要包括三个层面: 一是商品卡片, 二是商品详情, 三是( )。

A. 活动信息   B. 活动标识   C. 领券入口   D. 购物车

二、多选题

1. 各电商平台中常见的店铺营销活动有( )。

A. 店铺VIP   B. 满立减   C. 搭配套餐   D. 优惠券

2. 促销活动是店铺提高销售业绩的重要手段, 大型活动能迅速提高企业及品牌的知名度、美誉度和影响力。我们在后台编辑促销活动时, 主要分为( )三大模块。

A. 活动定义   B. 商品范围   C. 赠品信息   D. 活动价格

3. 优惠券的类型包括( )。

A. 秒抢优惠券   B. 领取型优惠券

C. 金币兑换型优惠券   D. 定向发放型优惠券

4. 定向发放型优惠券是通过特定的渠道进行发放的, 并非所有的买家都可以领取, 以下

属于定向发放型优惠券发放形式的是（　　）。

  A. 通过淘宝平台随机发放

  B. 通过二维码进行发放

  C. 自定义发放

  D. 对曾经浏览过店铺、收藏过商品、加过购物车、下过订单的买家发放

5. 搭配套餐是将几种商品组合在一起设置成套餐进行销售，以下关于搭配套餐的描述正确的是（　　）。

  A. 卖家需要成功订购旺铺才能对商品设置搭配套餐

  B. 搭配套餐的设置是建立在商品之间存在内在联系的基础上

  C. 搭配套餐是针对整个商铺的

  D. 一个商铺最多只能设置4个搭配商品

6. 报名聚划算的产品必须经过两道关卡，其中平台审核的主要指标包括（　　）。

  A. 转化率   B. 评价   C. 销量   D. 营销手法

7. 促销活动的描述包括活动时间、活动库存、限购数量/次数、是否参加满减等，其中限购数量/次数从限购的角度分为（　　）。

  A. 针对活动商品限购

  B. 针对人群限购

  C. 针对订单限购

  D. 针对商品限购

8. 各电商平台常见的店铺营销活动有（　　）。

  A. 搭配套餐   B. 满立减   C. 店铺VIP   D. 优惠券

三、判断题

1. 组合式推广是一种交叉营销方法，将不同产品组合起来，以畅销产品带动滞销产品或者畅销产品互相带动，目的是向同一消费群体销售尽可能多的产品。（　　）

2. 店铺首页海报应尽量呈现滞销商品，提升滞销商品销量。（　　）

3. 滞销商品是失去了使用价值的商品。（　　）

4. 聚划算、天天特卖、淘金币、淘抢购都是店铺活动。（　　）

5. 平台促销活动能为店铺带来大量流量，而高流量就代表着高转化率。（　　）

6. 目前，淘宝平台官方后台支持的优惠券面额分为3、5、10、20、30、50和100元等。（　　）

7. 店铺促销品和新品相比，更能给商家带来利润的是促销品，而新品能帮商家带来更多流量。（　　）

四、策划方案撰写题

1. 某商家经营家具类目天猫旗舰店五年，主要经营的是家用电脑桌和商务电脑桌两类商品，客单价在500元左右，该商家的店铺在运营方面一直没得到较大的提升，看到有的同行店铺每个月有几十万元的营业额，而自己的店铺每月只有几万元的营业额，商家很苦恼。请根据店铺运营情况为该商家撰写一份平台活动策划方案。

2. 优惠券是大促营销和店铺活动营销的常规玩法，可以激起买家的购买欲望，让买家冲动消费，是店铺和单品转化率的神器。元旦来临之际，李然准备根据店里近3个月单肩包、双

肩背包、手提包等5款商品的销售情况，通过店铺优惠券的形式做一次营销活动。

活动名称：店铺优惠券；

活动规则：满99减5面额，发行量100张，每人限领2张；

使用期限：2019-12-31—2020-03-10。

◆ 项目评价

班级				姓名		
练习日期				评价得分		
完成效果评价		□优　　□良　　□中　　□差				
序号	评分项	得分条件	分值/分	评分要求		得分/分
1	滞销品市场分析	①收集调研滞销品数据；②说出滞销品的定义；③知道如何查看滞销品；④找出造成商品滞销的原因；⑤能够找到滞销品处理方法	15	①任务完成且完成效果好，每项3分；②未完成任务或任务完成错误，该项不得分；③任务未全部完成，根据情况得部分分		
2	优惠券	①了解优惠券的作用及特点；②能根据要求设置店铺和商品优惠券；③能对优惠券进行管理，及时调整策略	15	①任务完成且完成效果好，每项5分；②未完成任务或任务完成错误，该项不得分；③任务未全部完成，根据情况得部分分		
3	单品宝	①了解单品宝的作用及特点；②能根据要求设置单品宝活动；③能对单品宝活动进行管理，及时调整策略	15	①任务完成且完成效果好，每项5分；②未完成任务或任务完成错误，该项不得分；③任务未全部完成，根据情况得部分分		
4	搭配宝	①了解搭配宝的作用及特点；②能根据要求设置搭配宝活动；③能对搭配宝活动进行管理，及时调整策略	15	①任务完成且完成效果好，每项5分；②未完成任务或任务完成错误，该项不得分；③任务未全部完成，根据情况得部分分		
5	天天特卖营销活动	①了解申请天天特卖营销活动的作用；②了解申请加入天天特卖活动的条件；③能申请淘宝天天特卖营销活动；④熟悉天天特卖活动的报名技巧	20	①任务完成且完成效果好，每项5分；②未完成任务或任务完成错误，该项不得分；③任务未全部完成，根据情况得部分分		

续表

序号	评分项	得分条件	分值/分	评分要求	得分/分
6	聚划算营销活动	①了解聚划算的收费模式； ②了解聚划算活动的要求； ③能申请聚划算活动； ④说出淘金币活动的作用	20	①任务完成且完成效果好，每项5分； ②未完成任务或任务完成错误，该项不得分； ③任务未全部完成，根据情况得部分分	
	总分		100		
备注		优：85~100分；良：61~84分；中：35~60分；差：0~35分			

运营案例赏析

　　1985年出生的毛毛，大学学的是中文专业，早在大三的时候就利用业余时间开设了网店，产品主要是甜美风格的青春时尚服饰。在大学毕业时，店铺每天都能接到20笔左右的订单，两年时间已经积攒了不少老客户。

　　她认为，网店的核心竞争力是产品本身。随着行业的逐渐规范及商业化，若产品的款式、质量等条件过硬，诚信经营，就不用担心卖不出去。同时她特别注重节日营销、大型促销活动及换季上新等环节，在曾经的女装推广活动中，提前一个月就开始进行活动预热，原价80元的女装五折优惠还包快递，店铺销量在几天内就有了大起色，热卖单品能达到月销量3 000单。

YUNYINGANLISHANGXI